어느 경상도 양반가의
무관 진출기

어느 경상도 양반가의
무관 진출기

초판 1쇄 인쇄   2023년 11월 13일
초판 1쇄 발행   2023년 11월 20일

—

기   획   한국국학진흥원
지은이   정해은
펴낸이   이방원

책임편집   정조연   **책임디자인**   박혜옥
마케팅   최성수·김 준   **경영지원**   이병은

—

펴낸곳   세창출판사
　　　신고번호 제1990-000013호   주소 03736 서울특별시 서대문구 경기대로 58 경기빌딩 602호
　　　전화 02-723-8660   팩스 02-720-4579   이메일 edit@sechangpub.co.kr   홈페이지 http://www.sechangpub.co.kr
　　　블로그 blog.naver.com/scpc1992   페이스북 fb.me/Sechangofficial   인스타그램 @sechang_official

—

ISBN   979-11-6684-262-7   94910
　　　979-11-6684-259-7   (세트)

한국국학진흥원 전통생활사총서 3

어느 경상도 양반가의 무관 진출기

정해은 지음
한국국학진흥원 기획

세창출판사

　　한국국학진흥원에서는 2022년부터 문화체육관광부의 지원
으로 전통생활사총서 사업을 기획하였다. 매년 생활사 전문 연
구진 20명을 섭외하여 총서를 간행하기로 했다. 올해 나온 20권
의 본 총서가 그 성과이다. 우리 전통시대의 생활문화를 대중에
널리 알리고 공유하기 위한 여정이 시작된 것이다.

　　한국국학진흥원은 국내에서 가장 많은 민간기록물을 소장
하고 있는 기관으로, 그 수는 총 62만 점에 이른다. 대표적인 민
간기록물로 일기와 고문서가 있다. 일기는 당시 사람들의 일상
을 세밀하게 이해할 수 있는 생활사의 핵심 자료이다. 고문서는
당시 사람들의 경제 활동이나 공동체 운영 등 사회경제상을 이
해할 수 있는 자료이다.

　　한국의 역사는 『조선왕조실록』이나 『승정원일기』와 같이 세
계적으로 자랑할 만한 국가기록물의 존재로 인해 중앙을 중심
으로 이해되어 왔다. 반면 민간의 일상생활에 대한 이해나 연구
는 관심을 덜 받았다. 다행히 한국국학진흥원은 일찍부터 민간
에 소장되어 소실 위기에 처한 자료들을 수집하고 보존처리를

통해 관리해 왔다. 또한 이들 자료를 번역하고 연구하여 대중에 공개했다. 그리고 이러한 민간기록물을 활용하고 일반에 기여할 수 있는 방법으로 '선농시대 생활상'을 대중서로 집필하는 방식을 통해 생생하게 재현하여 전달하고자 했다. 일반인이 쉽게 읽을 수 있는 교양학술총서를 간행한 이유이다.

총서 간행을 위해 일찍부터 생활사의 세부 주제를 발굴하는 전문가 자문회의를 개최하고, 전통시대 한국의 생활문화를 가장 잘 구현할 수 있는 핵심 키워드를 선정하였다. 전통·생활사 분류는 인간의 생활을 규정하는 기본 분류인 정치·경제·사회·문화로 지정하였다. 이를 기반으로 매년 각 분야에서 핵심적인 키워드를 선정하여 집필 주제를 정했다. 금번 총서의 키워드는 정치는 '관직생활', 경제는 '농업과 가계경영', 사회는 '가족과 공동체 생활', 문화는 '유람과 여행'이다.

분야마다 5명의 집필진을 해당 어젠다의 전공자로 구성하였다. 서술은 최대한 이야기체 형식으로 다양한 사례를 풍부하게 녹여 달라고 요청하였다. 특히 어디서나 간단히 들고 다니며 읽을 수 있도록 쉽게 서술해 줄 것을 부탁하였다. 그러면서도 본 총서는 전문연구자가 집필했기에 전문성 역시 담보할 수 있다.

물론 전문적인 서술로 대중을 만족시키기는 매우 어렵다. 그래서 원고 의뢰 이후 5월과 8월에는 각 분야의 전공자를 토론자로 초청하여 2차례의 포럼을 진행하였다. 11월에는 완성된 초고를 바탕으로 1박 2일에 걸친 대규모 학술대회를 개최하였다. 포럼과 학술대회를 바탕으로 원고의 방향과 내용을 점검하는 시간을 가졌다. 원고 수합 이후에는 책마다 전문가 3인의 심사의견을 받았다. 2023년에는 출판사를 선정하여 수차례의 교정과 교열을 진행했다. 책이 나오기까지 꼬박 2년의 기간이었다. 짧다면 짧은 기간이다. 그러나 2년의 응축된 시간 동안 꾸준히 검토 과정을 거쳤고, 토론과 교정을 진행하며 원고의 완성도를 높이기 위해 분주히 노력했다.

전통생활사총서는 국내에서 간행하는 생활사총서로는 가장 방대한 규모이다. 국내에서 전통생활사를 연구하는 학자 대부분을 포함하였다. 2022년도 한 해의 관계자만 연인원 132명에 달하는 명실공히 국내 최대 규모의 생활사 프로젝트이다.

1990년대 이후 폭발적으로 증가했던 일상생활사와 미시사 연구는 근래에는 학계의 관심이 소홀해진 상황이다. 본 총서의 발간이 생활사 연구에 다시 활력을 불어넣는 계기가 되기를 기대한다. 연구의 활성화는 연구자의 양적 증가로 이어지고, 연구의 질적 향상 또한 이끌 것이다. 그렇게 된다면 전통문화에 대한 대중들의 관심 역시 증가할 것으로 기대된다.

본 총서는 한국국학진흥원의 연구 역량을 집적하고 이를 대중에게 소개하기 위해 기획된 대표적인 사업의 하나이다. 참여한 연구자의 대다수가 전통시대 전공자이며, 앞으로 수년간 지속적인 진행을 준비하고 있다. 올해에도 20명의 새로운 집필자가 각 어젠다를 중심으로 집필에 들어갔고, 내년에 또 20권의 책이 간행될 예정이다. 앞으로 계획된 총서만 80권에 달하며, 여건이 허락되는 한 지속할 예정이다.

대규모 생활사총서 사업을 지원해 준 문화체육관광부에 감사하며, 본 기획이 가능하게 된 것은 한국국학진흥원에 자료를 기탁해 준 분들 덕분이다. 이 자리를 빌려 그분들께 다시 한번 감사드린다. 아울러 총서 간행에 참여한 집필자, 토론자, 자문위원 등 연구자분들께도 감사 인사를 전한다. 책의 편집을 책임진 세창출판사에도 감사드린다. 이 모든 과정은 한국국학진흥원 여러 구성원의 노력이 있었기에 가능했다.

2023년 11월
한국국학진흥원 연구사업팀

차례

들어가는 말

경상도 선산 지역 해주 정씨의 '발견'

이 글은 노철과 노상추 부자의 일기에서 포착한 18세기 경상도 선산 지역 해주 정씨들의 이야기다.

노철盧澈(1721-1772)은 19세부터 52세까지 34년 동안 일기를 썼다. 삭주부사를 지낸 무관 노상추盧尙樞(1746-1829) 역시 아버지의 명으로 17세부터 쓰기 시작하여 84세까지 68년간 일기를 썼다. 부자의 일기를 합치면 무려 100여 년이나 연속성을 띠며, 두 일기의 중복 기간을 제외해도 햇수로 91년이다. 일기의 기간 못지않게 분량도 방대하여 노철의 일기가 30책, 노상추의 일기가 52책이다.

노철과 노상추 부자의 일기에는 해주 정씨 중에서도 정순과 정달신 부자가 자주 나온다. 혼인으로 맺어진 특별한 인연 때문이었다. 노철은 정순을 척형戚兄이라 불렀고, 노상추는 한 세대가 넘어가므로 척장戚丈이라 지칭했다.

그런데 인척을 뜻하는 '척'을 넣어 부른다고 해서 그 관계가

노철의 일기, (사)모산학술재단 소장

'노상추일기, 노철·노상추 부자 100년의 기록' 전시(구미성리학역사관, 2021.12.14.~2022.3.31.)에서 일반에 처음 공개되었다

노상추의 일기, 안강 노씨 화림종중(국사편찬위원회 기탁 소장)

가까운 것은 아니었다. 정순의 사촌인 정곤이 연일 정씨와 혼인했는데, 이 여성은 노경임의 증손인 노성유盧聖兪의 외손녀였다. 그런데 노철과 노상추 부자는 노성임의 딸인 노정길의 후손이었기에 따지고 보면 이들은 해주 정씨와 직접적인 인척이 아니었다. 사실 이런 관계면 그때나 지금이나 가까운 인척이라 말하기 어렵다. 하지만 조선 사회에서는 혼인이 맺어 준 이 작은 인연도 허투루 넘기지 않았다. 인적 교류의 장에서 혈연과 혼인의 끈만큼 중요한 것이 없었기 때문이다.

또 정순·정달신 부자가 살던 고남은 노상추가 살던 문동이나 성곡과 가까운 지역이었다. 또 고남은 한때 노상추의 증조부가 문동으로부터 옮겨 와서 살던 곳으로, 조부 노계정도 여기서 태어났다. 더구나 고남에는 안강 노씨 집안의 논밭이 있어서 노철과 노상추 부자가 자주 왕래했다. 이런 요소들이 서로의 친밀도를 높이면서 이들의 일기에 정순과 정달신 부자가 더 자주 등장하는 것 같다. 이런 배경으로 노철·노상추 부자의 일기에서 해주 정씨들과 조우할 수 있게 되었다. 이것이 노철·노상추 부자가 남긴 일기 자료의 힘이자 미덕이라고 생각한다.

18세기 선산에 거주한 해주 정씨들에게는 커다란 자부심이 하나 있었다. 바로 학자로서 명성을 떨친 정붕鄭鵬(1467-1512)의 존재였다. 선산에서 나고 자란 정붕은 해주 정씨의 자랑이자 경상도의 대표 인물이었다. 경상도 학자들은 영남 사림파의 계보를 따질 때 정붕을 맨 상단에 두는 데에 주저하지 않았다. 선산 출신의 학자 노경임이 세운 영남 사림파의 계보를 보면, 영남 사림파는 정몽주-길재-김숙자-김종직-김굉필-정붕-박영으로 이어진다.

정붕이 김굉필의 제자임은 틀림없다. 하지만 당시 일반적으로 사림파의 학맥을 따질 때는 김굉필 다음에 정여창을 두고, 이어서 조광조, 이언적, 이황을 차례로 배치하는 것이 공론이었다. 그런데도 노경임이 김굉필 다음에 정붕을 넣은 것은 경상도에서만큼은 정붕을 빼고서 학맥의 형성을 논할 수 없다는 의미였다. 그러니 이런 선조를 둔 후손이라면 어느 누가 어깨를 으쓱하지 않겠는가.

이런 배경을 가진 선산의 해주 정씨 집안에서 17세기 후반 이후로 무과 급제자들이 배출되었다. 이 글은 이 사실에 주목하여 문치주의文治主義를 지향한 사회에서 무과를 선택한 해주 정씨의 삶의 전략을 이야기하고자 하였다. 조선의 양반은 외형적으로 성리학의 이념 속에서 안빈낙도에 의미를 부여했지만, 이에 못지않게 중요한 일은 관직으로 진출해서 경제적으로 추락하지 않는 것이었다. 이런 측면에서 무과 응시는 양반으로 살아남기 위한 돌파구이자 삶의 전략 중 하나였다고 볼 수 있다.

이 글의 주인공인 해주 정씨들은 선산에 대대로 살던 양반이다. 필자는 노철·노상추 부자의 일기에서 해주 정씨들을 발견하면서 그들의 삶의 방식에 대해 여러 질문을 품게 되었나. 또 선산의 해주 정씨들이 무관으로 활동한 덕분에 연대기 자료에서도 그들의 존재를 찾아낼 수 있었다. 그래서 그 사람들의 삶을 개인의 영역으로 남겨 두지 않고 역사적으로 온전히 이해해 보고 싶었다. 이것이 필자가 18세기에 활동한 선산의 해주 정씨들의 이야기를 선택한 이유다.

무관으로 산다는 것

무관이란 어떤 사람들일까?

　오늘날 경복궁이나 창덕궁을 가면 가장 눈길을 사로잡는 공
간이 근정전(경복궁)과 인정전(창덕궁)이다. 모두 임금이 조회를
본 건물로 궁궐 안의 다른 건축물들에 비해 웅장하고 탁 트인
맛이 있다. 또 이 건물들의 앞뜰에는 어김없이 좌우로 품계석^品
^{階石}이 놓여 있다. 품계석은 조회 때 신하들이 품계에 따라 서야
할 위치를 알려 주는 표지석이다.

　그런데 품계석은 품계만 알려 주는 것이 아니라 문관과 무
관이 서는 위치도 정해 주었다. 남쪽을 향해 앉는 임금을 바라
보고 오른쪽(동쪽)에 있는 품계석이 문관이 서는 자리고, 왼쪽(서

《정아조회지도》(1778) 중 일부분, 한국학중앙연구원 장서각 소장

階西　　　階中　　　階東

御座 ↑

典儀　引儀　左通禮　儀禮　　　王世子

御路

大君
親宗
親宗
親宗
親宗
親宗

무반　武班　小興　銀馬凡　小輦　大輦

문반　文班

正從正從正從四五六七八九
一一二二三三品品品品品品
品品品品品品

正從正從正從四五六七八九
一一二二三三品品品品品品
品品品品品品

그림 3 《정아조회지도》(1778) 중 일부분, 한국학중앙연구원 장서각 소장

창덕궁 인정전 조회 때 문관과 무관이 서는 위치가 표시되어 있다

그림 4 경복궁 근정전 품계석, 문화재청 국가문화유산포털에서 전재

조회 때 문관·무관이 서는 위치

쪽)의 품계석이 무관이 서는 자리였다. 그래서 문관을 동반東班, 무관을 서반西班이라 하며, 이 둘을 합쳐서 '양반兩班'이라 했다.

그렇다면 조선왕조에서는 무관과 문관이 어떻게 구분되었을까? 결론부터 말하자면 개인이 처음 조정에 발을 내디딘 통로, 즉 어느 과거시험을 거쳐 관직 생활을 시작했느냐에 따라 결정되었다. 문과에 급제하면 문관이 되고 무과에 급제하면 무관이 되었다. 이 기준이 중요한 이유는 무관이 문관직을 맡거나 문관도 무관직을 맡는 일이 비일비재했기 때문이다.

대표적인 사례로 무과에 장원 급제하면 특전으로 6품의 문관직에 임용되었다. 이와 반대로 문관이 무관직에 임용된 경우도 들 수 있다. 서반의 최고위 관서라 할 수 있는 중추부中樞府는 문·무 당상관을 우대하는 관서로 별도 업무가 없었는데, 문과에 급제하여 정승까지 오른 사람들도 관직에서 물러나면 이 관서로 옮겨 와 영사領事(정1품) 등에 임명되었다. 문관에게 무관직을 내린 것인데, 연륜이 쌓인 고위 문관들에게 계속 녹봉을 지급하고 조정에 두어 자문을 얻기 위해서였다. 또 선조-철종 대까지 훈련대장·금위대장·어영대장 등 주요 군영대장을 지낸 162명을 조사한 결과, 문관이 35명으로 전체의 21.6%를 차지했다.

그러므로 무관직을 맡았다고 하여 무관이 아니며, 문관직을 맡았다고 하여 문관이 아닌 것이다. 무과 급제로 관직에 나왔으면 무관, 문과 급제로 관직에 나왔으면 문관이 되었으며, 어느 관직에 종사하느냐는 개인의 관료 정체성을 규정짓는 요소가 전혀 아니었다.

재미있는 점은 조선 전기에는 무관을 이조판서로 임용한 사례까지 있다는 것이다. 1481년(성종 12)에 성종은 어유소魚有沼를 이조판서로 임명했다. 어유소는 무과에 장원 급제한 무관이었다. 그는 북방에서 조선의 변경을 침범하는 여진족들과 대적하여 여러 전투에서 승리하면서 명성을 떨쳤다.

성종이 그런 어유소를 문관의 인사를 좌지우지하는 이조판서로 발탁하자 사헌부와 사간원에서 강하게 반대하면서 교체를 요청했다. 어유소가 무관이어서 어떤 문관이 조정에 적합한지 알 수 없을뿐더러 글도 잘 모른다는 이유였다. 사헌부의 지평 김석원은 관료들에게 사서삼경의 시험도 치르는 곳이 이조인데 문리도 모르는 어유소가 어떻게 감당할 수 있을지 모르겠다고 주장했다. 그러자 성종은 "그대들은 항상 문관을 동반에 쓰고 무관을 서반에 써야만 마음이 후련하겠는가"(『성종실록』, 성종 12년 9월 4일)라고 질타하면서 그대로 강행했다.

하지만 이런 일도 문·무의 구분과 무에 대한 차별이 느슨하던 조선 전기에나 가능한 일이었다. 문·무의 구분이 일상화된 조선 후기에 무관으로서 이조판서가 된 사례는 눈 씻고 찾아보기 어려우며, 오히려 문관과 무관의 교차 임용을 반대하는 목소리만 더 커졌다.

대표적으로 조선 후기 문관이자 사회 개혁을 주창한 류수원柳壽垣(1694-1755)은 "문관과 무관은 제각기 그 직책이 있는데 어찌 서로 혼동해서야 되겠는가?"(『우서迂書』)라고 하면서 이조·호조·예조·병조·형조·공조의 참판(종2품), 한성부의 좌윤·우윤(각 종2품), 승지(정3품) 같은 관직에 무관을 등용하는 제도는 근거가 없다고 비판했다. 종2품이나 정3품 문관직에 문관을 임명하여 문관의 전문성을 고양하자는 의도일 수 있으나, 고위 문관직에 무관의 임용을 반대하는 배타적인 의견임을 부인할 수 없다.

글과 문관을 중시한 사회

문·무와 관련하여 조선왕조의 국왕들이 자주 사용한 비유가 있다. "문과 무는 수레의 두 바퀴와 같다"라는 것이었다. 국가 운영에서 문·무가 수레를 지탱하는 양쪽의 바퀴처럼 똑같이 귀중하다는 의미였다. 이 말은 이상적으로 맞으나 현실은 그렇지 못했다. 언제나 문이 무보다 우위를 차지했다.

조선시대에 나라의 공무를 담당한 사람은 양반이었다. 그런데 문치주의 사회를 지향한 조선에서는 칼과 활을 든 무관보다 붓을 든 문관이 우위를 차지했다. 문치주의는 신라가 7세기 후반 삼국을 통일한 이후 당나라의 중앙집권체제를 받아들인 것이 단초가 되었다. 신라는 삼국을 통일하는 과정에서 군사력으로 당을 상대할 수 없다고 판단하고 생존을 위해 문치의 길을 택했다. 이후 유학 지식으로 무장한 관료가 정치의 주체가 되는 문치주의는 고려를 거쳐 조선 초에 제도적으로 확립되었다.

조선이 지향한 문치주의는 군사軍事 전반에도 영향을 끼쳤다. 조선은 농업을 위주로 한 사회이므로 상비군을 많이 양성할 수 없었다. 문관의 입장에서도 군대가 힘이 강하면 쿠데타가 일어날 위험이 많으므로 달가운 일이 아니었다. 그래서 군대는 왕권 안보에 치중했고, 대외관계에서도 군사보다는 글로 하는 외교술을 발달시켰다.

문치주의의 지향은 무관이나 무장에 대한 인식에도 큰 변화를 가져왔다. 그 가운데 하나가 무장으로서 유학의 소양까지 겸비한 '유장儒將'을 선호하는 분위기였다. 조선의 제7대 국왕 세조는 장수의 자질을 조목조목 열거하면서 "항상 활쏘기와 말달리기를 일삼고, 아울러 학문도 익히는 자가 상품上品의 인물이다"(『병장설』)라고 했다. 장수의 자질로서 문무의 겸비를 필수적인 덕목으로 제시한 것이다.

문무 겸비를 으뜸으로 삼는 분위기는 중국 삼국시대 촉한의 전략가 제갈량諸葛亮을 바라보는 조선인의 인식에서도 엿볼 수 있다. 조선에서 무관으로 처세하기 위한 필독서로 무경칠서武經七書가 있었다. 무경칠서란 『손자孫子』·『오자吳子』·『사마법司馬法』·『울료자尉繚子』·『이위공문대李衛公問對』·『삼략三略』·『육도六韜』를 합쳐서 말한다. 이 가운데 당 태종이 질문하고 장수 이정이 대답하는 내용을 담은 『이위공문대』에서는 제갈량을 중품中品의 장수로 분류했으나 조선에서는 달랐다. 책략은 무관이 아닌 문관에게서 나온다고 여긴 조선 사람들은 제갈량을 문무를 겸비한 이상적인 인재로 파악하고, 조선시대 내내 그 어느 이름난 장수보다도 추앙했다.

무관의 위상

경상도 선산 지역 해주 정씨들의 무관 진출기를 알아보기 전에 무관의 처지와 무과에 관해 간단하게 소개하려고 한다. 조선 사회에서 무관의 위상이 어떠했는지를 미리 짚어 본다면 앞으로 전개될 해주 정씨들의 이야기에 더 빠져들 수 있을 것 같다. 또 무과는 이 책에서 수시로 등장하므로 미리 접해 두면 좋을 것도 같다.

문관은 문치주의가 뿌리내리는 과정에서 무관의 성장을 제한하기 위한 여러 가지 제도를 고안했다. 문관은 무관을 하위 동료라 생각하여 이들이 국정에 관여하는 행위가 위험하다고 여겼다. 그래서 양반 사이의 치열한 내부 경쟁을 사전에 차단하고 무관의 성장을 가로막는 불리한 요소들을 버젓이 제도화했다.

먼저, 무관에게 지급하는 품계에는 2품 이상이 없었다. 동반 품계는 정1품부터 종9품까지 30단계[1]가 있었으나, 서반 품계는 정3품 당상부터 종9품까지 22단계만 있었다. 그래서 무관으로서 1품과 2품으로 오를 때에는 동반의 품계를 빌려 써야 했다. 서반의 품계에 2품 이상이 없다는 사실은 무관을 차별한 증표이자 제도라 할 수 있다.

둘째, 무관에 대한 차별은 관직의 규모에서도 뚜렷한 편이다. 조선 전기에 동반과 서반의 실직實職은 대략 5,600개의 자리가 있었다. 그 가운데 동반의 실직은 1,779개, 서반의 실직은 3,826개다. 겉으로 보기에는 무관직이 많으나 운용 체제를 보면 사정이 전혀 달랐다. 실제로 녹봉을 받을 수 있는 정직正職자리가 동반직에 훨씬 많이 배치된 탓이다. 실직 중 녹봉을 받지 못하는 무록관無祿官, 몇 개월만 녹을 받을 수 있는 체아직遞兒職, 겸직 등을 제외하면 동반의 정직은 1,579개, 서반의 정직은

821개 자리에 불과했다.

셋째, 권력을 장악하거나 출세가 보장되는 청요직도 동반직에 치우쳐 있었다. 동반의 성부 의성부·이소·병소·사언부·사간원·홍문관 등 여러 관서에 청요직이 포진된 데 비해, 서반은 오위도총부五衛都摠府와 선전관宣傳官뿐이었다. 더구나 선전관은 문관을 임용하는 자리가 따로 있어 문관이 참여할 수 있는 길을 열어 놓았다. 또 동반의 최고위 관서인 의정부(정1품 관서)는 모든 관리를 통솔하는 최고의 행정 관서인 데 비하여 서반의 최고위 관서인 중추부(정1품 관서)는 고위 관료들에게 녹봉을 지급하기 위한 관서일 뿐이며 실질적인 직무가 없었다.

넷째, 무관에게 군권을 주지 않는 구조를 꼽을 수 있다. 이는 문관이 서반의 최고위직을 점유하거나 무력화하는 방식으로 이뤄졌다. 조선 전기의 중앙군인 오위五衛의 최고 지휘관인 오위장은 12명이었으며, 오위를 관할하는 오위도총부의 수뇌부인 총관도 10명이었다. 더 놀라운 사실은 22명 모두 겸직이며 임기도 1년에 불과해서 이들이 군권을 갖는 것은 애초에 불가능했다는 것이다.

또 조선 후기 궁궐과 도성 수비를 담당한 삼군문三軍門인 훈련도감·어영청·금위영도 군영대장(종2품) 위에 도제조(정1품)와 제조(정2품)를 두었는데, 도제조는 영의정·좌의정·우의정 가운데서 겸임하며 제조는 으레 호조판서나 병조판서가 겸임하였다. 도제조나 제조 모두 당연직이나 적어도 군영의 최고 책임자는 문관이어야 한다는 점을 강조한 조치로 보인다. 지방도 마찬가지여서 각도의 병마절도사(종2품, 육군 최고 지휘관)와 수군절도사(정3품 당상, 수군 최고 지휘관) 두세 자리 가운데 한 자리는 관찰사가 겸임했다.

다섯째, 공식적으로 무관을 양성하는 교육기관이 없었다는 점은 놀랍기까지 하다. 글을 가르치는 교육기관은 서당, 향교, 사학四學, 성균관 등이 있어서 유학자로서 소양을 닦거나, 생원진사시, 또는 문과를 준비할 수 있었다. 반면에 무관을 위한 교육기관은 전무했다. 선조 대에 무학武學을 정비했으나 이마저도 얼마 뒤에 유명무실해져서 실효성이 없었다. 무관을 양성하는 교육기관이 미비하다 보니 어린 시절부터 무관이 되겠다는 꿈이나 정체성을 가질 기회를 얻기도 쉽지 않았다.

끝으로, 문관과 무관 후보자의 인적 관리도 공정했다고 볼 수 없다. 조선왕조에서 문과와 무과의 시행은 문과가 빨랐다. 문과는 1393년(태조 2)부터 시행했으며 무과는 1402년(태종 2)부터 시행했다. 무과를 시행한 뒤로는 '대거對擧'라 하여 서로 짝을 이뤄 문과와 무과를 동시에 치렀다. 문·무의 균형을 중시하여 문과 무가 수레의 두 바퀴와 같다고 여긴 결과이다.

하지만 급제자의 명부인 방목梆目의 간행은 달랐다. 문과 급제자의 경우, 급제자 전체를 집성한 종합방목을 몇 차례씩 간행했으나, 무과 급제자 전체를 집성한 종합방목은 만들어지지 않았다. 국가적으로 무관 후보자에 대한 인적 관리가 문관 후보자와 비교하여 상대적으로 허술했다는 의미다.

무과 알아보기

무과武科는 무관을 선발하는 시험이다. 이미 고려시대에도 시행한 적이 있으나 조선시대에 와서야 뿌리내렸다. 조선왕조에서 무과를 처음 시행한 해는 1402년이다. 이후 1894년(고종 31)에 과거제도를 폐지할 때까지 무과는 총 800회를 실시했다.

현재 문과 급제자는 태종~고종 대까지 대략 14,682명으로 알려져 있다. 무과 급제자는 전체 급제 인원을 알 수 없으나 광해군~고종 대까지 추산하면 대략 12만 명이다. 조선 후기의 무과 급제자 인원이 조선 전 시기의 문과 급제자에 비해 8배나 더 많은 셈이니 이 수치만 단순 비교해도 무과 급제자를 대단히 많이 배출한 상황을 짐작할 수 있다. 18세기 중반에 전라도 함평의 양반 이명룡은 1760년(영조 36)에 실시한 무과에서 300명을 넘게 뽑자 "무과는 과거도 아니다"(『계일헌일기』, 1759년 10월 24일)라고 말할 정도였다.

이처럼 많은 급제자를 선발하다 보니 무과를 쉬운 시험으로 여길 수도 있다. 물론 무과가 문과에 비해 용이한 측면이 있는 것은 사실이지만 결코 급제가 쉽지는 않았다. 활쏘기는 기예를 숙련해야 하므로 단기간에 실력을 올리기가 쉽지 않았다. 글공부처럼 연마가 필요했고 시간이 걸렸다. 선산 지역 해주 정씨들의 사례만 봐도 활쏘기 공부를 시작하여 무과에 급제하기까지 10년 이상 걸린 사람이 수두룩했다.

무과의 종류는 크게 셋으로 나눠 볼 수 있다. 3년마다 정기적으로 실시하는 식년시式年試, 국왕 즉위 등 나라에 큰 경사가 있을 때 치르는 증광시增廣試, 비정기적으로 치른 각종 별시로 별시別試·정시庭試·알성시謁聖試 등이다.

무과는 시험의 종류에 따라 선발 인원 규정이 있었으나 잘 지켜지지 않았다. 식년시·증광시의 정원은 33명이었다. 각종 별시는 따로 인원을 규정하지 않고 초시의 합격 인원에 따라 결정했는데, 몇십 명, 몇백 명, 또는 몇천 명을 뽑을 때도 있었다. 1676년(숙종 2)에 실시한 정시 무과는 북벌을 명분으로 무려 17,652명이나 뽑았다. 식년시나 증광시도 33명의 규정보다 더 뽑기 일쑤였다.

무과에 급제하려면 초시初試·복시覆試·전시殿試의 세 단계를 거쳐야 했다. 식년시·증광시는 세 단계를 모두 치렀는데, 마지막 단계인 전시는 복시에서 올라온 합격자의 순위만 결정하는 시험이어서 시험 당락과 무관했다. 각종 별시는 복시를 생략하고 초시와 전시만 치렀으므로 식년시나 증광시에 비해 급제에 더 유리했다. 다만, 각종 별시의 마지막 단계인 전시는 식년시·증광시와 달리 2차 관문에 해당하여 불합격자가 있었다.

먼저 식년시의 첫 번째 관문인 초시는 실기 과목으로만 이뤄졌다. 목전木箭, 철전鐵箭, 편전片箭, 기사騎射, 기창騎槍, 격구擊毬였다. 6과목 중 4과목인 목전·철전·편전·기사가 활쏘기 종목이다. 그만큼 무관이 되려면 활쏘기 기량이 필수였다고 생각해도 좋을 것이다.

임진왜란 이후로 여기에 관혁貫革, 조총鳥銃, 편추鞭芻, 유엽전柳葉箭이 추가되었고, 기사는 목표물이 둥근 나무에서 허수아비로 바뀌면서 기추騎芻로 명칭이 바뀌었다. 격구의 경우 영조 대에 이미 폐지되었다. 시험 방식도 전 과목을 치르는 것이 아니라 몇 과목, 또는 한두 과목만 보았다. 해주 정씨들이 무과에 응시하던 18-19세기에 식년시의 초시 과목은 전체 중 몇 과목을 선택해서 치렀다.

시험 점수를 내는 방식은 목전과 철전의 경우 무거운 화살을 쏘는 시험이므로 화살을 얼마나 먼 곳까지 쏘는지가 중요했다. 철전의 경우에는 따로 '육량六兩'이라고 부를 만큼 활촉이 무거웠다. 또 두 과목 모두 과락이 있어서 총 3발 중 1발 이상이 기준 거리를 넘기지 못하면 탈락이고, 기준 거리보다 멀리 쏘면 가산점을 주었다. 편전과 유엽전, 관혁은 일정 거리에 있는 과녁을 정확히 쏘는 것이 관건이었다. 기사·기추·기창·편추는 말을 달리면서 정해진 시간 안에 목표물을 쏘거나 타격하는 시험이었다.

식년시의 두 번째 관문인 복시는 실기와 이론 시험으로 구성되었다. 실기 과목은 초시와 같았다. 이론 시험은 오늘날의 필기시험에 해당한다. 시험과목은 총 4과목으로 필수 1과목과 선택 3과목으로 이뤄졌다. 필수 1과목은 목민관이 되려면 필수적으로 알아야 할 법전인 『경국대전』이었다. 선택 3과목은 응시자가 다음의 세 가지 범주에서 1책씩 선택해서 치렀다. ① 양반들의 필독서인 사서오경四書五經 중 1책, ② 무경칠서 중 1책, ③『통감절요通鑑節要』·『역대병요歷代兵要』·『장감박의將鑑博議』·『무경武經』·『소학小學』 중 1책을 선택하였다.

마지막으로 급제의 등수를 정하는 최종 단계인 전시는 실기로 치렀는데 조선 후기에는 주로 유엽전으로 보았다.

증광시의 과목은 식년시와 모두 같았다. 다만 조선 후기에

그림 5 《단원풍속도첩檀園風俗圖帖》〈활쏘기〉, 국립중앙박물관 e뮤지엄에서 전재

복시의 과목만 달라졌는데, 이론 시험이 총 4과목에서 1과목으로 대폭 줄어서 사서오경이나 무경칠서 중 1과목만 선택해서 치렀다.

각종 별시의 시험과목은 식년시와 달랐다. 1차 관문인 초시는 실기와 이론 과목 중 국왕이 낙점한 서너 과목으로 치렀다. 뒤에서 소개할 정순이 1740년(영조 16)에 치른 정시의 경우, 초시 과목은 철전과 유엽전, 무경칠서 중 1책으로 3과목이었고, 이 중 2과목의 점수만 합산해서 합격자를 냈다. 이때 무경칠서는 『오자』를 뺀 '무경육서'가 되었는데 영조 대에『오자』의 분량이 너무 소략하다는 이유로 제외한 탓이었다.

각종 별시의 2차 관문이자 마지막 관문인 전시 역시 국왕이 낙점한 두세 과목으로 치렀다. 식년시와 마찬가지로 유엽전은 대부분 포함된 것 같고, 나머지 한두 과목은 그때그때 달랐다. 기추를 보기도 하고 편전을 보기도 하는 방식이었다.

이상에서 소개한 대로 무과에서는 이론 시험보다 활쏘기 실력이 급제 여부를 가르는 관건이었다. 식년시의 경우 복시에 이론 시험이 있으나 초시를 먼저 통과해야 하므로 활쏘기 실력이 더 중요했다. 각종 별시의 경우 이론 과목을 포함하지 않을 때가 더 많았고, 활쏘기 과목과 함께 선택 과목 중 하나여서 응시자가 선택하지 않아도 되었다.

끝으로 '직부전시直赴殿試'에 대한 이해도 중요하다. 직부전시란 초시나 복시를 생략하고 곧바로 전시에 응시할 수 있는 특전을 주는 제도였다. 주로 중앙 군영이나 지방 병영에 소속된 장교나 군졸이 각종 활쏘기 시험에서 우수한 성적을 거두면 지급한 상이었다. 만약 직부첩을 받은 사람이 각종 무과에 응시한다면 초시나 복시를 건너뛰고 바로 전시에 응시할 수 있으므로 수많은 경쟁자를 쉽게 제칠 수 있는 특혜였다.

국가에서는 군사들을 위로하는 상으로 직부전시를 남발했다. 1729년(영조 5)에 실시된 식년 무과의 경우 급제자 316명 가운데 16명을 제외한 300명이 직부전시로 급제했다. 무려 전체 무과 급제자의 95%나 차지해서 놀라울 지경이다.

이에 비해 선산 지역의 해주 정씨 같은 양반들은 개인적으로 활쏘기 공부를 시작하여 무과에 응시했으므로 급제하기까지 상대적으로 더 오랜 시간이 걸렸다. 그렇다고 양반 신분으로 직부전시를 받기 위해 군영이나 병영에서 장교나 군졸로 근무할 수도 없는 노릇이었다. 이것이 양반 무과 응시생들의 딜레마였다.

편전 이야기

예로부터 중국에서 우리나라 사람을 '동이족東夷族'이라 불렀듯이 활은 이미 고대로부터 생존과 직결된 무기였다. 이 과정에서 자연스럽게 활쏘기를 장기로 가지게 되었는데 편전도 그중 하나였다.

앞서 소개한 대로 무과의 활쏘기 종목은 두 유형으로 나뉜다. 멀리 쏘는 것을 측정하는 과목과 정확하게 과녁을 명중시키는 것을 측정하는 과목이다. 편전은 후자에 속한 활쏘기로 일정 거리에 있는 과녁에 화살 3발을 쏘아 맞힐 때마다 점수를 부과했고, 과녁의 정중앙을 쏘면 2배의 점수를 부여했다.

편전은 천하무적의 화살이었다. 편전은 아기살 또는 통전筒箭이라 하며, 길이가 짧아 보통 화살의 3분의 1 정도밖에 되지 않는다. 그래서 통아桶兒라는 발사대에 놓고 쐈는데 발사대의 도움으로 힘차게 멀리 나갔다. 조선 후기 실학사상의 시조로 꼽히는 성호 이익李瀷(1681-1763)은 우리나라의 장기로 편전을 꼽으면서 튀어 나가는 힘이 강해 먼 거리까지 도달하고 아주 깊게 뚫고 들어가서 적들이 편전을 두려워했다고 평가했다.

정조 대에 규장각 검서관을 지낸 실학자인 이덕무李德懋(1741-1793) 역시 "편전은 우리나라에만 있다. 그래서 중국왕조의 창이나 일본의 총과 함께 천하무적이 되었다"(『청장관전서靑莊館全書』)라고 극찬했다. 『연려실기술燃藜室記述』이라는 역사서를 펴낸 이긍익李肯翊(1736-1806)은 고려 말에 태조 이성계가 편전으로 왜구를 격퇴하는 장면을 생생한 이야기로 남겨 놓았다. 이긍익이 전하는 이성계의 일화는 다음과 같다.

이성계가 지리산 아래서 왜구와 싸울 때였다. 적장 1명이 200보쯤 되는 거리에서 뒤돌아서서 몸을 구부려 손으로 자기 엉덩이를 두드리며 놀렸다. 이성계가 본인의 상대가 되지 못한다는 자신감에서 나온 몸짓이었다. 이성계가 명사수인 것을 몰랐던 모양이다. 이에 이성계가 코웃음을 치면서 편전을 쏘아 거꾸러뜨렸고 기가 꺾인 왜구를 크게 무찔렀다는 내용이다.

조선인의 편전 실력은 외국에서도 유명했다. 명이나 청에서는 조선 사신이 방문하면 편전 시범을 요청할 정도였다. 1712년(숙종 38)에 청의 임금인 강희제는 조선의 사절단이 오자 일행 중 활 솜씨가 뛰어난 사람을 초청해 편전을 쏘게 했다. 이어서 조선 무인의 편전 시범을 관람한 강희제는 조선 사절단에게 본인의 활 솜씨와 함께 시위하는 무인들의 활 솜씨를 선보였다.

나중에 이 말을 전해 들은 조선 사절단의 수행 군관인 최덕중은 그날 일기에 이렇게 적었다. "이 나라에서 두려워하는 것은 편전이며 배우지 못한 것도 편전이다. 전에 없던 이런 행동을 하는 것은 반드시 편전 쏘는 법을 보고 배우려는 것이었다. 그렇건만 그들의 의도도 알지 못하고 우리나라 사람들이 죄다 그 법을 알려 주고 왔으니 참으로 개탄스럽다"(『연행록燕行錄』).

일본인도 감탄한 조선인의 기마 무예 실력

편전이 청나라를 놀라게 했다면 일본 열도를 감탄시킨 것은 달리는 말 위에서 활을 자유자재로 날리는 무예였다. 이를 기사, 또는 기추라고 했다. 기사는 둥근 표적을 사용한 활쏘기인데, 임진왜란 이후 허수아비 과녁을 이용하면서 기추로 명칭이 바뀌었다. 과녁 대신 허수아비를 배치하여 실전 응용력을 높이려는 의도였다.

도화서의 화원 한시각韓時覺이 그린 《북새선은도北塞宣恩圖》에 수록된 〈길주과시도吉州科試圖〉에는 무과 응시자들이 기추를 치르는 장면이 생생하다. 이 그림은 1664년(현종 5) 함경도 길주에서 실시한 별시 문과·무과의 시험 장면을 담은 기록화다.

그림을 보면 양쪽으로 허수아비 표적을 5개씩 세웠다. 표적 1개당 진행 요원을 4명씩 배치했는데, 두 사람은 붉은 깃발과 흰색 깃발을 각각 들고 있고, 그 옆에 북과 징을 든 사람이 1명

《북새선온도》〈길주과시도〉의 한 장면, 국립중앙박물관 e뮤지엄에서 전재

1664년 함경도의 길주에서 열린 무과에서 응시자들이 기추를 치르는 장면이다

씩 더 앉아 있다. 표적을 맞히면 붉은 깃발을 올리고 북을 쳤다. 가운데는 말을 달리면서 몸을 돌려 왼편 허수아비 표적을 향해 활을 쏘는 응시자의 모습이 보인다. 기추의 시험 방식은 지그재그로 왼편과 오른편을 번갈아 쏘았고, 제한 시간도 있어서 그 시간을 넘기면 점수가 깎였다. 그만큼 말을 빨리 몰면서도 정확히 쏠 수 있는 숙련도가 중요했다.

말을 달리면서 허수아비 표적을 맞히는 조선인의 활 솜씨는 일본인의 눈에 장관이었다. 조선 통신사 일행은 일본을 방문할 때마다 활쏘기 무예를 보여 주었다. 1748년(영조 24)에도 일본을 방문한 통신사 일행 중 군관들은 다른 때와 마찬가지로 말을 타면서 활 쏘는 무예를 선보였다.

그중 군관 이일제가 말 위에서 펼치는 활 솜씨가 대단했다. 이일제는 첫 허수아비 과녁을 맞힌 뒤 말안장이 기울어져 떨어질 뻔한 위기를 맞았다. 하지만 곧바로 몸을 솟구쳐 안장에 바로 앉아 나머지 과녁을 말을 몰면서 모조리 적중시켜 버렸다. 당시 사방에서 구경한 일본인들이 모두 입을 벌리고 감탄했다고 한다.

2
___

경상도 선산 지역
해주 정씨들의 선택

선산의 인물 신당 정붕

해주 정씨 사람들이 경상도의 선산과 인연을 맺은 시기는 14세기 말엽, 또는 15세기 초 무렵이었다. 선산 땅에 첫발을 내디딘 주인공은 정초鄭初였다. 그는 당시 경상도에 터를 잡은 상당수의 양반들이 그러했듯이 처가가 있는 선산부의 서쪽 상송리上松里로 왔다. 이후 어떤 사정인지 모르겠으나 어느 시점에 정초의 후손은 선산을 떠나 개령(오늘날 경상북도 김천 지역)으로 옮겨 살았다.

그 뒤 다시 선산 땅을 밟은 사람은 정초의 5세손이자 정붕鄭鵬(1467-1512)의 아버지인 정철견鄭鐵堅이었다. 정철견은 옥형종

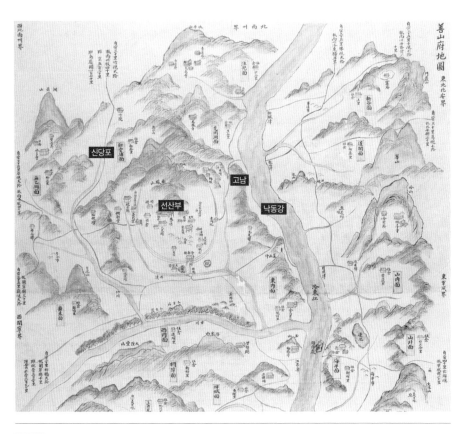

그림 7 선산부의 신당포 및 고남 위치,《경상도지도》(1872)〈선산부지도〉, 서울대학교 규장각한국학연구원 소장

의 딸과 혼인하면서 선산으로 들어왔다. 선산 지역의 함창 옥씨
들은 대대로 신당포에서 살았는데 정철견도 처가가 있는 신당
포에 터를 잡았다. 이후 신당포는 해주 정씨 종손宗孫의 세거지
가 되었고, 정붕도 신당포에서 태어났다.

정붕은 일상생활에서 도학을 실천한 학자였다. 호가 신당新堂이어서 '신당 선생'으로도 잘 알려져 있다. 아버지로부터 학문을 익히고 심굉필의 문하에 들어가 『소학』과 『내학』을 배웠다. 25세에 문과에 급제한 뒤 홍문관의 수찬과 교리, 사헌부의 지평 등을 두루 거쳤다. 이 관직들은 문관으로서 청운의 꿈을 실현하려면 반드시 거쳐 가야 하는 관직이었다. 그래서 아무나 들어갈 수 없었고 엄선해서 뽑히는 자리였다. 그만큼 정붕의 앞길이 탄탄대로였다는 뜻이다.

하지만 그는 연산군의 독선을 보고만 있지 못했다. 그는 1504년(연산 10)에 연산군에게 국왕으로서 시정해야 할 사항들을 건의했다가 태笞 40대를 받고 경상도의 영덕으로 유배되었다.

2년 뒤인 1506년에 중종반정으로 연산군이 왕위에서 쫓겨나자 유배에서 풀려난 정붕은 더 이상 관직 생활에 미련이 없었다. 그는 여러 관직을 고사하고 고향 선산에서 후학 양성에 힘을 쏟았다. 그 가운데 청출어람의 제자가 나왔으니 바로 박영朴英(1471-1540)이었다.

박영은 본관이 밀양이며, 호는 송당松堂, 시호는 문목文穆이다. 1492년(성종 23)에 무과에 급제한 이력이 있으며 연산군 대에 낙향하여 정붕의 문하에서 『대학』을 배웠다. 나중에 송당학파가 생길 만큼 학문으로 명성을 떨쳤다. 또 무과 출신으로서

학문으로 일가를 이루었으므로 경상도의 무관들에게 본보기가
되었다.

훗날 정붕은 선산의 금오서원에 배향되었다. 금오서원은
1572년(선조 5)에 송당학파를 중심으로 성리학의 비조인 길재吉
再를 기리기 위해 그가 세상을 뜬 금오산 아래에 건립되었다.
이때 길재 이외에 김종직·정붕·박영도 추가로 모셨다. 1575년
(선조 8)에는 국가가 공인한 사액서원賜額書院이 되는 경사를 맞았
으나 임진왜란 때 불타 버리고 말았다. '사액'이란 서원의 이름

금오서원, 박은진 제공

을 새긴 현판을 내려 준다는 의미로 국가로부터 인증을 받았다는 증표였다. 사액서원이 되면 실제로 서원 이름이 적힌 현판과 함께 노비와 서적 등을 내려 주었다.

전쟁이 끝난 지 몇 년이 지나지 않아 1602년(선조 35)에 선산부사 김용이 장현광을 위시한 지역 인사들과 힘을 모아 금오서원을 재건했다. 그리고 예전대로 길재를 비롯하여 김종직·정붕·박영을 배향했다. 1609년(광해 1)에 다시 사액을 받았고, 1642년(인조 20)에 장현광을 추가로 배향했다.

금오서원에 배향된 다섯 인물은 모두 학문으로 이름을 떨친 대학자여서 정붕의 높은 위상을 확인할 수 있다. 훗날 정붕의 후손이 무과에 급제하여 관직에 진출할 때도 "이름난 학자 정붕의 후손"(『승정원일기』, 영조 7년 5월 11일)이라는 후광이 도움이 되었다.

신당포와 고남의 해주 정씨들

신당 정붕의 후손들은 선조의 명망을 잇기 위해 선조와 같은 길을 걷고자 했다. 처음에는 정붕의 장남인 정의鄭毅가 생원시에 합격하면서 순조로운 듯했다. 하지만 손자 대부터 해주 정씨 집안에서는 생원·진사나 문과 급제자가 나오지 못했다. 그

대신에 17세기 중반 이후로 무과 급제자가 나오기 시작했다.

선산에서 해주 정씨의 터전은 종가가 있는 신당포와 비非종손 세거지인 고남으로 나뉜다. 신당포의 종가에서 처음 무과에 급제해 파란을 일으킨 사람은 정붕의 6세손인 정영鄭韺(1610-1679)이었다.

정영은 왕실의 일가와 혼인했다. 그의 부인인 전주 이씨가 정종의 10남인 덕천군 이후생李厚生의 후손 이창경李昌炯의 딸이었다. 이렇게 하여 정영은 종친宗親의 일원이 되었고, 그의 이름을 1902년(광무 6)에 종정원宗正院에서 간행한 왕실 족보인 『선원속보璿源續譜』의 「정종대왕자손록·덕천군파」에서 찾을 수 있다.

정영은 26세인 1635년(인조 13)에 증광 무과에서 장원으로 급제했다. 공교롭게도 그가 무과에 급제한 이듬해인 1636년(인조 14)에 병자호란이 발발했다. 목숨을 걸고 무관의 의무를 실천해야 하는 시험대에 오른 것이다. 그는 전쟁을 회피하지 않고 인조를 호위하여 남한산성으로 들어가 힘껏 싸워 그의 이름을 「호종록扈從錄」에 올렸다. 1649년(인조 27)에는 비변사에서 추천한 국가를 이끌 무관 인재 10명 안에도 포함되었다. 그때 함께 뽑힌 사람 중에 무장으로 한 시대를 풍미한 류혁연柳赫然도 있었으니 비변사가 인재를 허투루 발탁한 것이 아니었다.

다음으로 해주 정씨 중 고남에 처음 발을 디딘 사람은 자세

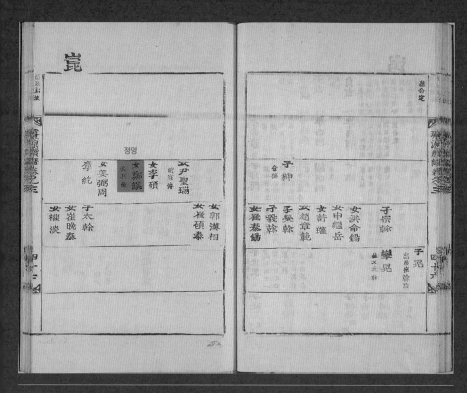

그림 9 왕실 족보 『선원속보』(1902)에 실린 정영, 한국학중앙연구원 장서각 소장

그림 10 1673년 정영 교지(충무위 사정 임명장), 해주 정씨 신당공파 종중(구미성리학역사관 기탁 소장)

하지 않다. 입향조를 알 수 있는 신당포와 달리 고남은 전해 오는 자료가 많지 않으며, 17세기 자료는 정확하지 않은 측면도 있다. 이 점을 고려하면서 족보에서 묘소의 위치를 조사한 결과, 고남에 처음 묻힌 사람은 정상중鄭尙中이었다. 정상중의 묘소가 고남의 성산에 있고, 그의 부인인 성산 이씨의 묘소도 고남의 죽리에 조성되었다. 그 뒤로 그의 후손들도 계속 고남에 묻혔다. 지금으로써는 묘소의 위치로 입향조를 유추할 수밖에 없으므로 정상중이 처음 고남 땅을 밟았을 가능성이 높다.

그런데 선산의 해주 정씨 가운데 최초로 무과에 급제한 사람이 바로 정상중이다. 오늘날까지 해주 정씨 집안에 전해 오는 이야기에 따르면 정상중은 임진왜란이 발발하자 나라를 구하기 위해 무과에 응시했다고 한다. 하지만 그의 무과 급제는 뒤에서 소개할 『교남과방록嶠南科榜錄』(1936)에는 임진왜란이 끝난 뒤인 1599년(선조 32)으로 나오고, 족보에는 이보다 더 늦은 1603년(선조 36)으로 나온다. 전해 오는 이야기와 기록들이 서로 맞지 않으나 그가 이 집안 최초의 무과 급제자임은 사실로 보인다.

정상중에 이어 그의 아들인 정호鄭頀도 무과에 급제하면서 이 집안에도 서광이 비치기 시작했다. 이 무렵 정호의 장남인 정동망鄭東望(1652-1700)이 신당포의 종가를 잇기 위해 정영의 후사로 들어갔다. 여기까지는 양반가에서 흔히 있는 일이어서 꽤

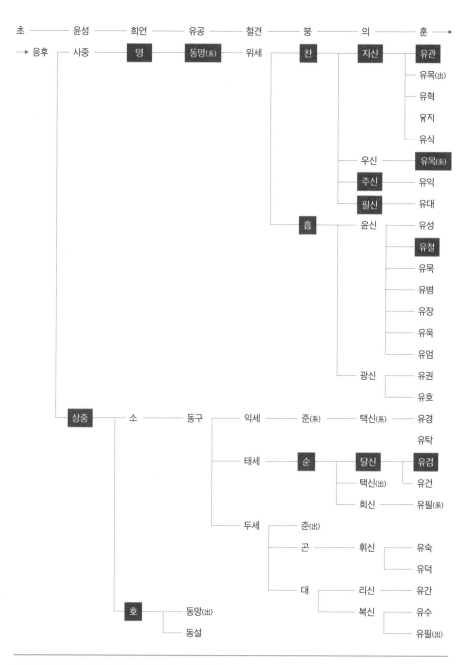

그림 11 18세기 경상도 선산 지역의 해주 정씨 가계도

※ 색칠된 사람은 무과 급제자, 出: 후사로 나감, 系: 후사로 들어옴

찾았는데 정호의 차남이 일찍 죽으면서 오히려 정호의 후사가 끊기고 말았다. 그 결과 고남의 성세는 유보되는 대신에 신당포에서는 정동망과 그 후손들이 무과에 연거푸 급제하면서 종가의 성세를 이끌었다.

그 뒤 고남의 해주 정씨 가운데 정상중에 이어 무과에 급제한 사람은 정상중의 장남인 정소의 후손이었다. 정순과 그의 아들 정달신이 그들이다. 정순은 무과에 급제한 뒤 훈련원 주부로 관직 생활을 마쳤으나 그의 아들 정달신은 현감까지 진출했다. 또 정달신의 아들 정유검도 일찌감치 무관으로 진로를 정하여 무과에 급제했다.

과거시험이 중요한 이유

조선에서 양반의 기반은 관직, 토지, 노비였다. 양반의 혈통이 필요조건이라면 이 세 가지는 충분조건이었다. 이 세 가지 요건을 제대로 갖추지 못하면 양반으로 행세하기가 쉽지 않았다고 할 수 있다.

그래서 양반가에서 아들에게 원한 것은 두 가지였다. 과거시험에 급제하여 관료가 되어 입신양명하고, 아들을 낳아 후사

를 잇는 일이었다. 여기서는 이 책의 주제와 관련하여 관직 이
야기만 하고자 한다.

조선시대에는 관료가 되는 방법이 두 가지 있었다. 하나는
과거시험이며, 다른 하나는 현달한 선조의 명성에 힘입어 과거
시험을 치르지 않고 관직에 나가는 음서였다. 다만 후자의 경우
는 시대가 내려갈수록 점차 고위직까지 올라가기 어려워졌다.
그래서 이왕이면 과거에 급제하여 고위 관직자가 되는 것이 집
안을 빛내는 길이었다. 또 관료라면 문과에 급제하는 것이 더
영예로운 일이었다. 문과 급제를 누더기를 벗어 던졌다는 의미
로 '석갈釋褐'이라 표현하는 이유이기도 했다.

양반가는 으레 선조로부터 물려받은 땅과 노비가 있다고 여
겨져서 관직이 중요할까 싶지만 조선 후기로 갈수록 관직 진출
여부가 중요했다. 이 시기 양반의 특권을 유지하려면 중앙의 정
치권과 연결된 창구가 필요했고, 그것을 위해 필요한 것은 집안
의 구성원들이 문과에 급제하여 관직에 꾸준히 진출하는 일이
었다. 다시 말하면 양반의 체모를 유지하고 특권을 유지하는 길
이 모두 관직으로 연결되어 있었다.

벼슬살이로 받는 녹봉도 집안 경제를 받쳐 주는 근간이 되
었다. 18세기에 서울 선비 유만주兪晩柱(1755-1788)의 집은 그의
아버지가 익산군수에서 파직되어 돌아온 뒤로 살림이 곤궁해

졌다. "여름에는 연달아 몇 끼니 굶어도 살았으며, 지금 역시 하루 이틀 불 때지 않고도 잔다."(『흠영』, 1786년 12월 7일) 집안 식구들이 여름에는 끼니를 거르고 한겨울에는 불도 때지 못하는 형편이 되고 만 것이다.

19세기 양반 조병덕趙秉悳(1800-1870)은 서울에서 태어났다. 노론 명문가인 그의 선대는 화려한 관직을 지냈으나 그의 조부와 아버지에 이어 본인까지 3대가 문과에 급제하지 못했다. 결국 그의 아버지는 서울 생활을 버티지 못하고 조병덕이 12세가 되던 해에 충청도 남포현의 삼계리로 이사했다.

15세부터 과거 공부를 시작한 조병덕은 20세에 모친상을 당하자 과거 공부를 멈추었다. 이후 언제인지 알 수 없으나 서울로 이사했다가 29세에 다시 삼계리로 왔다. 31세에는 다시 서울에서 살다가 33세에 또다시 삼계리로 돌아왔다. 조병덕이 서울 생활을 두어 차례 시도했다가 접은 데는 아마도 서울 생활을 유지할 수 있는 경제력이 문제가 된 것이 아니었나 싶다.

조병덕은 슬하에 아들 넷을 두었다. 그는 과거시험을 처음 보러 가는 둘째 아들에게 편지를 보내 답안지를 제출하지 말고 신신당부했다.

너의 형은 이미 문필이 없어서 과거에 응시하지 못했

다. 과거에 응시하지 못한 것은 부끄러운 것이 아니나 문필이 없는 것은 크게 수치스러운 일이다. 너는 반드시 열심히 공부해서 너의 형처럼 되지 마라. … 세 부자가 까닭 없이 과거를 그만두어 마치 폐족이나 폐인처럼 된 것 또한 한번 웃을 만한 일이다. 그러나 과거를 그만둔 것은 한스럽지 않다. 너희들이 글을 하지 않아 장차 어떤 인간이 될지 몰라 걱정스럽다. 반드시 시험 답안지를 바치지 말고 과거시험장 안팎만 구경해라. 그리고 오늘부터 시작하여 죽도록 열심히 공부해야 한다.[2]

조병덕은 매산 홍직필洪直弼의 제자로 여러 차례 학문과 덕망 있는 재야 학자로 추천되어 관직을 받았으나 부임하지 않았다. 그는 아들들이 생원진사시나 문과에 급제하지 못한 채 '유학幼學'의 호칭을 못 벗어났다고 책망하면서도 과거시험보다는 먼저 문필을 갖춘 사람이 되라고 권유했다. 하지만 이것은 겉으로 드러난 언사였을 뿐이다.

조병덕의 편지로 그의 생애를 연구하여 재구성한 하영휘는 "3대에 문과 급제를 배출하지 못하면 몰락한다는 말을 조병덕이 그 사례를 구체적으로 보여 주고 있다"(『양반의 사생활』)라고 평가했다. 그러면서 조병덕이 몰락한 구체적인 증거로 경제적인 쪼들림과 벼슬아치들로부터 받은 멸시를 꼽았다. 문과에 급제하지 못한 조병덕은 토지를 팔아 생활하면서 집안이 기울어 가는 모습을 지켜만 봐야 했다. 그 과정에서 집안이 곤궁해지는 상황은 불가피했다.

무과 급제의 의미

조선은 문관을 중심으로 한 양반 관료의 나라여서 문관을 선발하는 문과가 매우 중요했다. 이런 분위기에서 무과에 급제한다는 것은 어떤 의미였을까? 그것은 무관이 되어서 관료 생활을 할 수 있는 길이 열렸다는 의미였다.

무과 급제자의 진로는 시대에 따라, 가문의 고하에 따라 달랐으므로 도식적으로 설명할 수 없다. 그래서 급제자 전부 관직에 나갔다고는 말할 수 없으나, 무과에 급제한 사람들이 무관이 될 수 있는 자격을 얻었다는 점은 자신 있게 말할 수 있다.

16세기에 경상도 성주에서 유배 생활을 한 이문건李文楗 (1494-1567)이라는 사람이 있었다. 그는 조광조의 제자로 문과에 급제하여 관직 생활을 하다가 1546년(명종 1)에 윤원형 등이 일으킨 을사사화에 연루되어 경상도의 성주로 유배돼 그곳에서

생을 마쳤다. 그는 41세부터 74세로 세상을 뜨기 몇 달 전까지 일기를 썼고, 그 일기가 오늘날『묵재일기』라는 이름으로 전하고 있다.

그가 유배 중이던 1561년(명종 16)의 일기를 보면, 이문건은 류춘발柳春發이 무과에 급제했다는 소식을 편지로 전해 듣고는 "기쁜 일이다"(『묵재일기』, 1561년 9월 22일)라고 적었다. 류춘발은 이해 식년 무과에서 장원 급제했다. 현재 두 사람의 관계는 알 수 없으나 이문건이 류춘발의 무과 급제 소식을 듣고 기뻐하고 있는 것을 보면 이 시절에는 무과의 위상이 낮지 않았던 것 같다.

이와 유사한 사례로 경상도 예안의 오천에 거주한 양반 김수金綏와 김부인金富仁 부자가 있다. 김수는 1525년(중종 20)에 생원시에 합격한 뒤로 문과에 응시하는 틈틈이 무과에도 몇 번 응시했다. 김수의 장남인 김부인은 이현보의 사위로 1559년(명종 14)에 무과에 급제하여 병마절도사까지 올랐다. 김수나 김부인 모두 관직 진출을 위해 무과에 관심을 가졌으며, 이 가운데 김부인은 무과를 통해 성공적으로 관직에 진출한 사례다.

17세기에도 16세기와 비슷한 분위기를 접할 수 있다. 경상도 단성현의 읍지인『운창지雲牕誌』는 1640년(인조 18)에 이시분 (1588-1663)이 편찬했다고 알려져 있다. 이『운창지』는 일반 읍지와 달리 가문의 성쇠나 인물 소개에 많은 지면을 할애한 점이 특징이다. 그중 어느 인물의 이력을 소개하면서 "무과에 급제하여 입신양명했다"라고 밝혔다. "입신양명"이라는 표현에서 엿볼 수 있듯이 무과에 대한 차별 의식이 보이지 않아서 인상 깊다.

이처럼 무과는 문과처럼 관직의 등용문이라는 순기능을 수행했다. 수백 명, 수천 명, 또는 1만 7천여 명까지 뽑은 적이 있는 조선 후기에도 예외가 아니었다. 무과에 급제했다는 것은 무관의 후보자가 되었다는 의미였다. 이런 까닭에 양인良人 이하의 사람도 무과에 급제한 뒤에는 서반의 말단직에 들었다고 여겼으며, 스스로 사대부의 말석에 낀 것처럼 처신하는 바람에 문제가 된 적도 종종 있었다.

문제는 선발 인원이 많아지고 급제자의 신분이 하향화되면서 무과에 급제해도 누구나 관직에 진출하지 못하게 된 현실이었다. 그 이유는 두 가지 정도로 집약할 수 있다. 하나는 무과 급제자의 인원에 비해 관직 수가 턱없이 부족한 것이 가장 큰 이유였다. 이 책 1장의 「무관의 위상」에서 소개한 대로 무관직이 부족하다 보니 관직에 등용하고 싶어도 등용할 관직이 없었다.

또 다른 이유로는 무과 급제자 중 관료가 될 만한 사람을 구분하는 제도가 만들어졌다는 사실을 꼽고 싶다. 국가에서 무과의 선발 인원을 대폭 늘리다 보니 점차 양인 이하의 사람들이 급제하는 일이 비일비재했다. 이는 당연한 결과였다. 그러자 국가에서는 급제자 중 양반과 양반이 아닌 사람을 구분하는 작업을 '제도'라는 이름으로 진행했다. 그중 하나가 뒤에서 자세히 설명할 선천宣薦이었다. 국가에서 무과를 대폭 개방하면서 급제자를 늘렸으나, 관직 진출자에 대해서만큼은 엄격한 잣대를 적용하는 이원화 정책을 구사하면서 양반의 특권을 보장해준 것이다.

사정이 이렇다 보니 양반이 아닌 무과 급제자가 관직을 얻기란 하늘의 별 따기였다. 신분이 낮아 선조의 후광이 있을 리 없고 본인을 밀어줄 후원 세력도 없었다. 대부분 합격 증서인 홍패만 자손 대대로 기념품처럼 물려줄 뿐이었다. 그나마 운 좋게 관직 진출의 기회를 잡았더라도 말단직이거나 한두 번에 그쳤다.

1790년(정조 14)에 무과에 급제한 최필주라는 사람이 있었다. 그는 황해도 개성 사람으로 아버지의 신분이 양인이었다. 개성 읍지인 『중경지』의 「무과」 조에 그의 이름이 당당히 올랐으나 이력은 빈칸으로 남아 있다. 읍지에 이력이 하나도 없다는 것은 그가 무과에 급제했음에도 관직 진출에 실패했음을 뜻한다. 이것이 18세기 후반 수많은 무과 급제자에게 놓인 현실이었다.

선산 지역의 문과 급제자들

영조 대에 국가에서 전국 각지의 읍지들을 모아서 펴낸『여지도서輿地圖書』라는 지방지가 있다. 『여지도서』는 1757년(영조 33)에서 1765년(영조 41) 사이에 각 읍에서 작성한 읍지들로 이뤄졌으므로 18세기 중엽의 전국 현황을 파악할 수 있는 중요 자료로 평가받고 있다. 최근에는 1760년에 홍문관에서 엮은 미완성의 전국 읍지라는 견해도 있으나 국가에서 펴낸 공신력 있는 지방지라는 점이 중요하다.

『여지도서』에 실린 선산부는 18개 면으로 이뤄졌다. 동내면, 독동동면, 신곡면, 도개면, 산내면, 해평면, 몽대면, 하구미면, 상구미면, 북웅곡면, 평성면, 망장면, 무래면, 무을동면, 신당포면, 주아면, 서내면, 산성山城이다. 해주 정씨의 종가가 있는 신당포가 보여서 반갑고, 해주 정씨들이 살던 또 다른 곳인 고남이 보이지 않는데 고남은 독동동면에 속했다. 선산 전체의 주민 구성은 9,012호戶에 남성 18,705명, 여성 23,460명으로 총 42,165명이었다.

조선 후기에 선산에는 대대로 살면서 자리를 잡은 양반가가 많았다. 신당 정붕의 해주 정씨를 비롯하여 강거의·강거민의 신천 강씨, 길재의 해평 길씨, 김취성·김취문 및 류중영의 사위인 김종무의 선산 김씨, 김몽해의 의성 김씨, 김종직의 일선 김씨, 고응척의 안동 고씨, 노경필·노경륜·노경임의 안강(경주) 노씨, 송당 박영의 밀양 박씨(송당공파)와 박수홍의 밀양 박씨(생부공파), 심온의 후손인 청송 심씨, 율곡 이이의 아우인 이우의 덕수 이씨, 이맹전의 벽진 이씨, 윤홍선의 파평 윤씨, 효자 전가식·전좌명의 연안 전씨, 최현의 전주 최씨 등이다.

지역에서 집안의 명성과 성쇠를 결정한 열쇠는 단연 문과 급제자의 배출 규모였다. 조선에서 실시된 문과는 804회다. 문과 급제자 14,682명 가운데 문과 급제자의 종합방목인『국조방목國朝榜目』등을 토대로 거주지를 확인할 수 있는 사람은 9,030명(62%)에 불과하다.

이를 토대로 문과 급제자를 배출한 지역을 조사하면 288개 군현으로 집계된다. 서울이 3,699명(44%)으로 1위이며, 경상도, 충청도, 평안도, 경기, 전라도, 강원도, 황해도, 함경도 순으로 급제자를 배출했다. 2위를 차지한 경상도는 1,127명(12.5%)의 급제자를 배출했는데 70개 군현에서 급제자가 나왔다. 안동이 154명으로 가장 많고, 이어서 상주, 영천, 성주, 예안, 경주, 선산 등의 순서다. 선산은 48명의 급제자를 배출하여 경상도에서 7위를 차지했다.[3]

그런데『국조방목』에서는 거주지가 미상이지만 여러 자료

를 통해 선산 출신임을 확인할 수 있는 사람들도 있다. 예컨대, 정붕의 경우 방목에는 거주지가 미상으로 나오나 그는 선산 사람이다. 이런 방식으로 선산 출신의 문과 급제자를 더 찾아보면 79명까지 늘어난다.[4] 선산 김씨 10명, 밀양 박씨 8명, 전주 최씨 6명, 덕수 이씨 5명, 일선 김씨·진주 하씨·청송 심씨 각 4명, 벽진 이씨 3명, 비안 박씨·선산(덕산) 황씨·신천 강씨·진주 강씨·해평 길씨 각 2명이며, 그 밖에 25개 성관에서 1명씩 문과 급제자가 나왔다. 해주 정씨에서도 유일하게 문과 급제자 1명이 배출되었는데 정붕이 그 주인공이다.

선산 지역 해주 정씨 집안의 무과 급제 현황

조선에서 시행된 무과는 800회이며, 문과는 804회다. 문과는 1393년부터 시행되고 무과는 1402년부터 시행되어서 무과가 문과보다 4회 적다. 현재 800회에서 배출된 무과 급제자가 전부 몇 명인지는 자료의 부족으로 알 수 없다. 문과처럼 급제자 전체를 집성한 종합방목을 만들지 않은 탓이다.

오늘날 800회의 무과 중 개별 무과방목이 전해 오는 시험은 167회(20.9%) 정도다. 대부분 조선 후기의 방목들이다. 또 순조 대에 병조에서 근무한 서리 임인묵이 펴낸『무과총요武科總要』에는 1591년(선조 24)부터 1820년(순조 20)까지 시험별 무과 급제자의 인원이 나와 있다. 이 자료들을 종합하면 광해군 대부터 고종 대까지 시행한 무과 554회 중 494회의 선발 인원을 계산할 수 있는데 대략 12만 명 정도로 추산된다.

사정이 이렇다 보니 선산에서 배출한 무과 급제자를 온전히 파악하기는 어려운 상황이다. 필자는 박사학위논문에서 조선 후기 무과방목 102회분을 대상으로 무과 급제자 16,643명을 분석했다. 이 중 16,540명의 거주지를 알 수 있었는데 선산 출신이 41명이었다.

선산 출신 무과 급제자 41명의 성관을 소개하면, 해주 정씨 8명, 선산 김씨 4명, 진주 강씨·경주(안강) 노씨·인동 장씨 각 3명, 해평 길씨·전주 이씨·한산 이씨 각 2명, 안동 권씨·상산 김씨·의성 김씨·김해 김씨·경주 김씨·팔거 도씨·밀양 박씨·성주 배씨·평산 신씨·경주 이씨·충주 최씨·영천 최씨·김해 허씨·남양 홍씨 각 1명이다. 제한된 자료에서 산출한 결과지만 무과 급제자가 해주 정씨에서 가장 많이 배출된 점이 인상 깊다.

이외에도 선산의 무과 급제자들을 파악할 수 있는 귀중한 자료가 있다. 바로 일제강점기인 1936년에 권오환·이재호가 공동으로 펴낸『교남과방록嶠南科榜錄』의 「호방虎榜」이다. '교남'

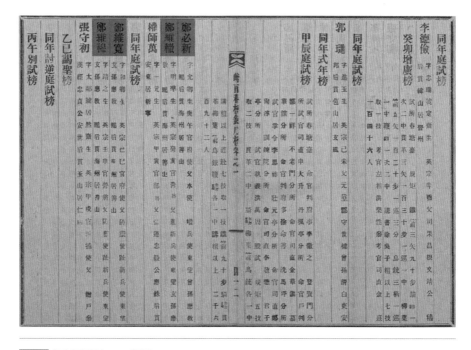

그림 12 『교남과방록』(1936) 「호방虎榜」, 서울대학교 규장각한국학연구원 소장
갑진년 정시방(1784)에 정필신·정유철·정유관·정유목(개명 정필수)의 이름이 보인다

은 영남 지방을 일컫는 말로 이 방목은 경상도에서 배출한 문과·무과 급제자 및 생원진사시 합격자, 그리고 음관으로 관직에 나간 사람들의 명단이다. 이 가운데 「호방」은 무과 급제자들의 명단이다. 경상도의 인물 자료이므로 선산의 급제자 현황이 다른 자료보다 상세하다는 장점이 있다. 단, 정확하지 않은 사항도 있으므로 다른 자료들과 비교해서 함께 보면 좋다.

이에 따라 무과방목 및 『교남과방록』과 함께 무과 급제 증
서인 홍패紅牌, 족보 등도 참고하여 선산 출신 해주 정씨의 무
과 급제자들을 조사해 보았다. 그 결과 34명이 추려졌다(【표 1】
참조). 17세기에 4명, 18세기에 12명, 19세기에 18명이다.[5] 18세
기에 비약적으로 늘어나서 19세기에는 더 증가한 상황이다. 이
들 가운데 정영·정동망·정지신·정주신·정달신·정유철·정유
관·정전 등 7명은 『일선읍지一善邑誌』에 선산을 빛낸 인물로 올
랐다. 이 읍지는 총 6책으로 이뤄진 거질로 19세기 후반 무렵에
편찬된 선산 읍지다.

해주 정씨 무과 급제자 34명 중 정상중·정호·정순·정달신·
정유검·정종룡만 고남 출신이다. 이 6명을 제외한 28명 모두
신당포의 종가 쪽이다. 신당포가 해주 정씨들의 무과 급제의 산
실이었음을 알 수 있는 대목이다. 실제로 신당포의 해주 정씨들
은 활쏘기 연습장을 마련하고 활쏘기를 잘하는 사람들을 초빙
해서 자손들에게 활쏘기를 가르쳤다. 노상추도 처음에는 고남
에서 활쏘기 연습을 하다가 신당포로 옮겨서 연습했다.

『교남과방록』에서는 선산 지역의 해주 정씨 무과 급제자들
을 소개하면서 모두 정붕의 후손임을 강조했다. 이 역시 경상
도에서 정붕의 존재감을 잘 보여 준다. 다만 오류도 있어서 고
남의 정순과 정달신·정유검에 대해서 정순은 "순조純祖 임술壬戌

구분	성명	생년	무과 급제 정보			아버지	가계	주요 관직	
			연도	나이	종류			관직	근거
17세기	정상중(鄭尙中)	1580	1603(선조 36)	23	별시	정응후		선전관	교
	정영(鄭韺)	1610	1635(인조 13)	26	알성	정사중		병마절도사 수군절도사	승
	정호(鄭護)	1624	1670(현종 11)	47	별시	정상중		훈련원 주부	승
	정동망(鄭東望)	1652	1678(숙종 4)	27	증광	정영		병마절도사 수군절도사	승
18세기	정찬(鄭巑)	1699	1725(영조 1)	27	정시	정위세		부사	승
	정흡(鄭嶍)	1702	1727(영조 3)	26	증광	정위세		영장	교
	정순(鄭峋)	1714	1742(영조 18)	29	정시	정태세	【그림 11】〈18세기 경상도 선산 지역의 해주 정씨 가계도〉 참조	훈련원 주부	승
	정지신(鄭趾新)	1722	1742(영조 18)	21	정시	정찬		영장	승
	정달신(鄭達新)	1734	1763(영조 39)	30	증광	정순		현감	승
	정주신(鄭冑新)	1738	1765(영조 41)	28	식년	정찬		부사	승
	정유철(鄭惟轍)	1743	1784(정조 8)	42	정시	정윤신		군수	승
	정유관(鄭惟寬)	1749	1784(정조 8)	36	정시	정지신		현령	승
	정필신(鄭必新)	1750	1784(정조 8)	35	정시	정찬		훈련원 판관	승
	정유목(鄭惟穆) (개명:정필수)	1752	1784(정조 8)	33	정시	정우신 정지신(생부)		통제영 우후	승
	정유검(鄭惟儉)	1758	1786(정조 10)	29	식년	정달신		선전관	승
	정선(鄭選)	1768	1795(정조 19)	28	정시	정유성 정유철(생부)		훈련원 정	교
19세기	정전(鄭琠)	1788	1822(순조 22)	35	식년	정유혁	정지신 손자	군수	승, 교, 족
	정종현(鄭宗鉉)	1804	1834(순조 34)	31	식년	정진	정유목 손자	영장	승, 교, 족
	정익(鄭瀷)	1814	1841(헌종 7)	28	정시	정종탁	정선 손자	초관	승
	정종건(鄭宗鍵)	1814	1845(헌종 11)	32	정시	정질	정지신 증손	부사	교
	정종룡(鄭宗龍)	1817	1858(철종 9)	42	정시	정옥 정위(생부)	정달신 증손	호군	교
	정종무(鄭宗茂)	1821	1851(철종 2)	31	정시	정숙	정유목 손자 정종윤 형(생가)	좌별 오위장	족
	정종윤(鄭宗鈗)	1823	1853(철종 4)	31	정시	정전	정유혁 손자	훈련원 판관	승, 교, 족
	정필(鄭泌)	1825	1848(헌종 14)	24	증광	정종현	정유목 증손	군수	교

19세기	정근대(鄭根大)	1835	1859(철종 19)	25	증광	정익	정선 증손	훈련원 정	교
	정종일(鄭宗鎰)	1836	1863(철종 14)	28	정시	정전	정종윤 아우	오위장	교
	정근화(鄭根和)	1849	1870(고종 7)	22	정시	정필	정유묵 현손	선전관	교
	정근만(鄭根萬)	1859	1888(고종 25)	29	식년	정익	정근대 아우	오위장	교
	정등(鄭滕)	1859	1893(고종 30)	35	미상	정종일	정유혁 증손	오위장	교
	정발(鄭渤)	1861	1888(고종 25)	28	별시	정종윤	정유혁 증손	선전관	교
	정관(鄭灌)	1861	1893(고종 30)	33	미상	정종일	정등 아우	오위장	교
	정한(鄭瀚)	1864	1888(고종 25)	23	식년	정종하	정유철 증손	선전관	교
	정숙(鄭淑)	1869	1890(고종 27)	22	미상	정종의	정유병 증손	오위장	교
	정호섭(鄭虎燮)	1873	1892(고종 29)	20	미상	정근형	정유권 6세손	오위장	교

표 1 선산 거주 해주 정씨 집안의 무과 급제자들

※ 근거: 『승정원일기』(승), 『교남과방록』(교), 『해주정씨족보』(족)

정시방庭試榜"(1802), 정달신은 "순조 계미癸未 정시방"(1823), 정유
검은 "순조 병오丙午 정시방"(1846)과 같이 순조 대에 급제한 인
물로 소개했다. 이 세 사람의 인적 사항에 오류가 생긴 것은 아
마도 이들이 지역사회에 잘 알려지지 못한 탓이 아닐까 싶다.

3

난관을 헤쳐 나간
정찬

집안의 우열로 나뉘는 출세길

한국사에서 임진왜란의 명장 이순신李舜臣(1545-1598)만큼 국민의 사랑을 독차지하는 인물도 드물 것이다. 거북선도 세계적으로 주목받고 있다. 2016년에 미국 해군연구소(USNI)에서 주관한 군 관계자와 군사전문가, 일반인 등 2만 6천여 명을 대상으로 한 설문조사에서 거북선이 세계 해군 역사상 7대 명품 군함으로 뽑혔다. 거북선이 한국을 넘어 세계적으로도 영향력을 미치고 있다고 볼 수 있다.

이순신이 무과에 급제한 해는 1576년(선조 9)으로 그의 나이 32세였다. 22세부터 활쏘기와 말타기를 연마했으니 무려 10년

의 세월이 걸린 셈이다. 이 긴 세월이 말해 주듯이 이순신은 쉽게 무과에 급제한 것이 아니었다. 급제하기 4년 전에 이순신은 훈련원에서 시험을 보던 중 말에서 떨어졌으나 버드나무 가지의 껍질로 부러진 다리를 싸매고 끝까지 시험을 치렀다. 이런 노력에도 불구하고 낙방하고 말았다. 이 일화는 이순신의 강한

인내심과 책임감을 보여 주는 사례로 알려져 있는데 그만큼 무과가 쉬운 시험이 아니라는 증표이기도 하다.

이순신은 무과에 급제한 그해 겨울에 함경도 동구비보의 권관權管으로 첫 발령을 받았다. 권관은 지역 방위 체계의 최하위 벼슬인 종9품 무관직이다. 요즘으로 말하면 초급 장교였다. 그 뒤 정읍현감으로 부임한 해가 1589년(선조 22)이었다. 무과에 급제한 지 13년 만이었다. 서애 류성룡柳成龍은 이순신이 많은 공을 세웠는데도 불구하고 출세가 늦어진 점에 대해 "누구도 그를 추천하지 않아서 무과에 급제한 뒤 10여 년 만에 겨우 정읍현감에 올랐을 뿐이다"(『징비록』)라고 탄식했다.

류성룡의 지적대로 이순신은 무과 급제 뒤에 그의 실력에 비해 출세가도를 달리지 못했다. 그래도 그나마 이때는 무과에 급제하고서 오래 지나지 않아 첫 발령이라도 받을 수 있었다.

하지만 해주 정씨들이 무과에 급제하던 시대에는 사정이 크게 달라져 있었다. 무과에 급제하면 무관직에 임용되는 것이 원칙이었으나 무과에 급제했다고 하여 누구나 관직으로 나가는 시대가 아니었다. 장원 급제자는 바로 6품의 문관직에 임용되는 특전을 받았으나 나머지 급제자는 관직에 나갈 기약이 없었다. 한평생 미관말직조차 나가지 못한 사람이 부지기수였다. 급제자의 인원에 비해 관직 자리가 턱없이 부족해서 생긴 현상이었다.

그래서 조선 후기에는 명문가 후손의 진로를 열어 주기 위해 '선천宣薦'이라는 제도를 두었다. 무척이나 생소할 수 있는 제도이나 이 제도를 모르고서는 무과 급제자의 진로를 이해할 수 없다고 해도 과언이 아니다. 또 앞으로 이 책에서 자주 나오므로 자세한 설명이 필요하다.

선천이란 선전관의 모집단을 미리 발탁해 두는 제도였다. 무과 급제자나 한량 가운데 장차 선전관이 될 만한 사람을 미리 천거해 두는 방식이었다. 그리고 선전관에 빈자리가 생기면 선천을 받은 사람 중에서 후보자 3명을 올려서 왕의 낙점을 받아 임명했다. 선전관을 반드시 선천 출신으로 뽑은 것은 아니지만 선천이 되면 선전관이 될 확률이 대단히 높았다.

선전관은 무과 급제자가 들어오는 선전관과 음서로 들어오는 남항南行 선전관이 있었다. 서울이나 지방에서 과거시험을 준비하는 사람 가운데 글을 전공하면 '유학'이라 하고, 무예를 전공하면 '한량'이라 불렀다. 무과에 급제하지도 않은 한량까지 선천의 대상이 된 이유는 남항 선전관의 존재 때문이었다.

6개월마다 실시한 선천은 상당히 엄격한 선별 작업을 거쳐 결정되었다. 집안의 후광이 가장 중요해서 크고 힘 있는 집안의 자손이 아니면 뽑힐 수가 없었다. 또 매우 배타적이어서 평안

도·함경도 사람과 서얼은 처음부터 아예 제외했다. 천거 방식
도 선전관 선배들이 직접 후보들을 추천하여 뽑았으므로 국왕
도 천거에 관여할 수 없다는 말이 나올 만큼 위세가 딩딩겠다.

선천은 단순한 천거가 아니었다. 선천을 받지 못하면 고위
무관직으로 나가는 길이 막혀 버렸다. 이러한 선천의 권위는 선
전관청의 위상에서 나왔다. 승지가 국왕의 문관 비서라면 선전
관은 국왕의 무관 비서였다. 세조 대에 국왕 시위를 강화할 목적
으로 정비된 이후로 군사 업무에 관한 왕명을 전담하고, 궁궐을

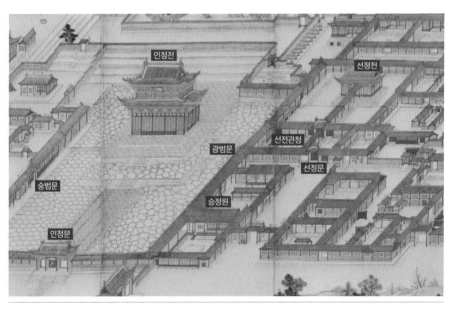

그림 14 〈동궐도〉에 보이는 창덕궁 선전관청 위치, 동아대학교 석당박물관 소장

출입할 수 있는 각종 증명 패찰까지 관장했으므로 권한이 셌다.

대궐 안 선전관청의 위치도 이 관청이 얼마나 중요한 역할을 맡았는지를 보여 주는 것 같다. 대표적으로 창덕궁에서 선전관청의 위치는 인정전과 선정전으로 가는 광범문과 선정문 사이에 있었다. 인정전은 국왕이 정사를 보는 정전正殿이며, 선정전은 평소 임금이 거처하는 편전便殿이다. 무관 승지답게 선전관청이 인정전과 선정전 가까이에 자리했으며, 문관 비서인 승지들이 소속한 승정원과도 가까이에 있었다.

또 선전관은 서반 고위직으로 가기 위해서는 반드시 거쳐야 하는 엘리트 코스였다. 선전관을 거치지 않으면 고위 무관으로 출세하기가 어려울 정도였다. 그래서 선전관은 무관이라면 누구나 선망하는 자리지만 아무나 갈 수 있는 자리가 아니었다. 국왕의 무관 비서로서 늘 국왕 주변에 있어야 하므로 대대로 명문가의 자제로서 신원이 확실한 사람을 선호한 탓이다. 이런 배경으로 선천을 받았는지 여부로 출세 여부가 갈릴 수밖에 없었다.

텃세를 부리는 선전관청의 선배들

해주 정씨 집안은 종손宗孫인 정찬鄭巑(1699-1751)이 무과에 급제하면서 무관 집안으로 발돋움했다. 하지만 그 과정이 마냥 순탄하지는 못했다.

정찬은 1725년(영조 1)에 27세의 나이로 무과에 급제했다. 그가 10세 무렵에 부친상을 당했을 때 주변 사람들은 이제 이 집안도 끝났다고 여겼다. 그의 아버지가 과거 급제나 관직을 하지 못한 채 세상을 떴는데 그마저 너무 어리자 조부 정동망을 이을 사람이 없다고 여긴 것이다. 하지만 정찬은 시련을 딛고 뜻을

그림 15 1725년 정찬 홍패(무과 급제 증서), 해주 정씨 신당공파 종중(구미성리학역사관 기탁 소장)

세워 조부의 길을 따라 무과에 급제했다.

정찬은 경상도 선비라면 누구나 알고 있는 정붕의 후예였다. 정붕 이후로 그의 집안에서 문과 급제자가 나오지는 못했으나 증조부 정영은 전라좌도수군절도사, 충청도수군절도사, 경상우도병마절도사 등 고위 무관직을 두루 거쳤다. 할아버지 정동망도 전라좌도수군절도사 및 충청도병마절도사를 지냈다.

절도사는 한 도道의 육군이나 수군을 책임지는 관직으로 위세가 꽤 당당했다. 정동망이 세상을 뜨자 숙종이 예조좌랑을 파견하여 제사를 내린 것도 그가 2품 이상의 관료였기 때문이다. 그만큼 조정으로부터 예우를 받는 관직이었다.

하지만 정찬이 그의 조부가 세상을 뜬 뒤로부터 25년 정도 지나 무과에 급제했을 때 그를 알아주는 사람들은 많지 않았다. 선전관청의 선배들은 텃세를 부리면서 청요직을 내주기를 꺼렸고 결국 그는 선천에 들지 못했다.

그러자 관료들 사이에서 이것이 잘못된 처사라는 비판이 나왔다. 병조판서 김재로金在魯는 정찬이 병마절도사 정동망의 손자인데도 선천에 들지 못해서 여론이 좋지 않다고 말할 정도였다. 여기에는 그가 정붕의 후손이라는 사실이 제대로 알려지지 못한 탓도 있었다. 김재로도 이번에서야 정찬이 "이름난 학자 정붕"(『승정원일기』, 영조 7년 5월 11일)의 후손임을 알았다고 했다.

그만큼 지방 사람으로서 본인을 알리기란 쉽지 않았으며 출세하기도 어려웠다.

여기에 정찬의 선천을 가로막는 또 다른 원인도 있었으니 바로 당파였다. 조선 후기에 당파는 관직 진출에 직접 또는 간접적으로 영향을 미쳤으므로 특정 당파에 참여하지 않으면 관직에 발탁될 기회가 그만큼 적었다. 현재 정찬이 어떤 당론을 지지했는지는 알 길이 없다. 다만 해주 정씨들과 친밀한 노상추의 집안이 남인南人의 입장을 견지했고, 정찬의 후손들이 남인 인사와 교류했으므로 아마도 남인의 색깔을 띠지 않았을까 추측된다. 이런 사정으로 정찬은 중앙에 진출했을 때 노론의 견제를 받았을 것으로 여겨진다.

울산성 보수의 공로로 당상 품계에 오르다

정찬은 선천을 받지 못했으나 31세에 선전관이 되었다. 앞서 언급했듯이 무관이라면 선전관(이하 무겸 선전관)을 거쳐야 비로소 벼슬길이 틔었다고 할 수 있었다. 이에 힘입어 정찬은 차근차근 단계를 밟아 위로 올라갔다.

35세에 무신 겸 선전관을 지낸 그는 이어서 오위도총부 도

연도	나이	관직
1725년(영조 1)	27	무과 급제
1729년(영조 5)	31	선전관
1733년(영조 9)	35	무겸 선전관, 오위도총부 도사
1734년(영조 10)	36	중추부 경력
1735년(영조 11)	37	오위도총부 경력, 경상좌도 병마우후
1736년(영조 12)	38	경상좌도 병마우후
1737년(영조 13)	39	오위장
1738년(영조 14)	40	박천군수
1742년(영조 18)	44	겸사복장, 통제영 우후
1745년(영조 21)	47	단천도호부사
1749년(영조 25)	51	우림위장
1751년(영조 27)	53	경흥도호부사

표 2 정찬의 주요 경력

사(종5품)가 되었다. 36세에 중추부 경력(종4품)으로 올랐고 이듬
해에 오위도총부 경력(종4품)으로 자리를 옮겼다가 바로 경상좌
도 병마우후(종3품)로 나갔다.

　병마우후는 육군의 최고 지휘자인 병마절도사를 보좌하는
직책이다. 경상도에는 병마절도사가 3명 있었다. 한 자리는 으
레 관찰사가 겸임하는 자리이며, 다른 두 자리는 경상도를 좌도
와 우도로 나누어 각각 1명씩 파견했다. 이렇게 병마절도사를

3명 둔 곳은 경상도와 함경도뿐이었다. 그만큼 경상도·함경도가 육상에서 군사적으로 중요한 곳이었다는 증명이다.

경상좌도에서 병마절도사가 주둔한 병영兵營은 울산에 위치했다. 더 정확하게 말하면 울산에서 동쪽으로 10리 정도 떨어진 곳이었다. 처음 외관직에 근무하게 된 정찬은 열정적으로 무관으로서의 포부를 펼쳐 보였다. 울산성 안팎에 해자垓字를 파고 연못을 만들었으며 보루堡樓도 세웠다. 또 탄약과 군사용 깃발들을 비롯하여 간장 등의 물자를 비치하고, 각종 무기를 새로 손보았다.

울산성은 임진왜란의 역사를 간직한 성곽이다. 1597년(선조 30) 1월에 다시 일본군의 침공을 받은 조선은 1598년(선조 31) 11월, 노량해전에서 충무공 이순신의 승리로 일본군을 격퇴하면서 전쟁을 종식시켰다. 이것이 정유재란이었다. 이 과정에서 일본군은 울산의 태화강에 이어진 평지 쪽에 작은 섬처럼 솟아 있는 도산에 성곽을 축조한 뒤 격렬하게 농성했다. 이곳을 조·명 연합군이 두 차례나 공격했으나 결국 함락시키지 못했다. 정찬이 울산성에 공을 들인 이유도 이런 역사와 무관하지 않아 보인다.

정찬의 활약 중 울산성에 간장을 비치한 점이 흥미로운데, 이는 비상시에 간장을 유용한 반찬이자 식량으로 활용하기 위해서였다. 조선 후기의 학자 정상기(1678-1752)도 군사들을 위

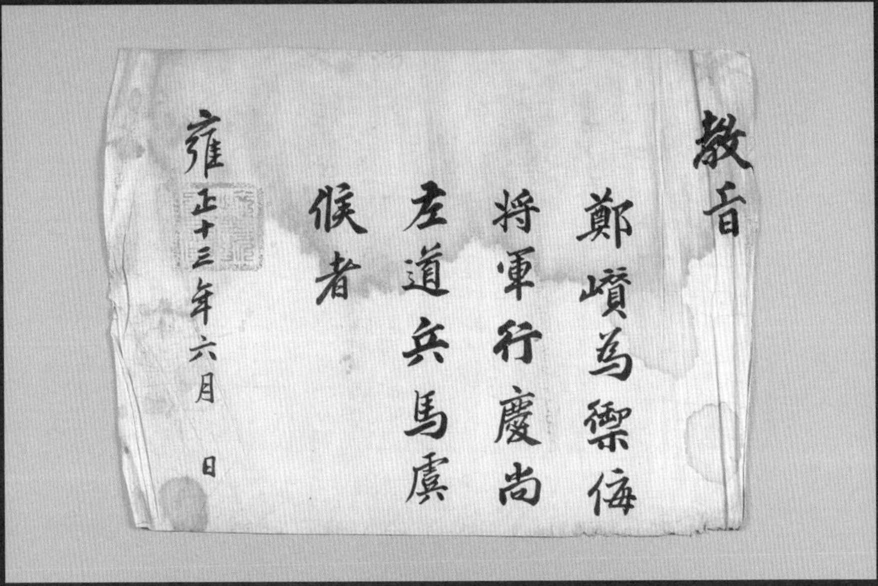
教旨
鄭巑爲禦侮
將軍行慶尚
左道兵馬虞
候者
雍正十三年六月 日

그림 16 1735년 정찬 교지(경상좌도 병마우후 임명장), 해주 정씨 신당공파 종중(구미성리학역사관 기탁 소장)

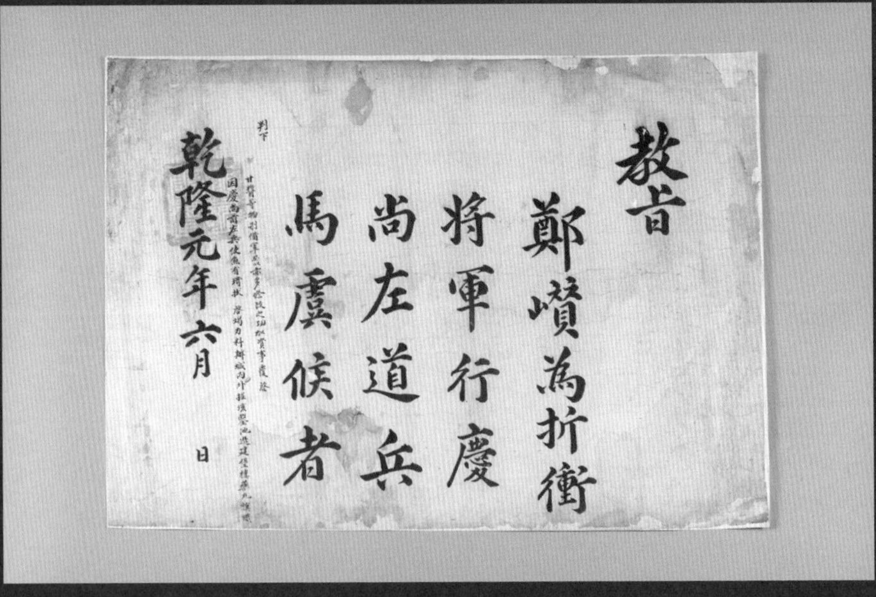
教旨
鄭巑爲折衝
將軍行慶
尚左道兵
馬虞候者
乾隆元年六月 日

그림 17 1736년 정찬 교지(품계를 절충장군으로 올려 주면서 다시 발급한 경상좌도 병마우후 임명장), 해주 정씨 신당공파 종중(구미성리학역사관 기탁 소장)

한 휴대용 간장을 제안했다. 정상기의 구상은 이렇다. 무명이나 베 한두 자를 맑은 장에다 담갔다가 볕에 말리고, 마르면 또 적셨다가 말리기를 몇십 번을 하여 장빛이 될 때까지 반복해서 휴대용 간장 헝겊을 만든다. 이것을 부대마다 한 장씩 지급하고 식사 때마다 따듯한 물에 녹여서 조금씩 마시게 하자는 것이었다. 정찬 역시 비상시를 대비하여 무기만큼이나 귀한 간장을 비치한 것으로 보인다.

이러한 정찬의 노고를 알아본 사람이 있었으니 그의 상관인 경상좌도병마절도사 어유기였다. 어유기는 영조 임금에게 이 일을 보고했고, 이 덕분에 정찬은 특별히 정3품 당하 품계인 어모장군禦侮將軍에서 정3품 당상 품계인 절충장군折衝將軍으로 품계가 올랐다. 1단계의 승급이나 당하의 품계에서 당상의 품계로 올랐으므로 매우 영예로운 상이었다. 상을 받은 뒤에는 절충장군으로 품계를 바꾼 병마우후 임명장도 다시 받았다.

새로 받은 임명장에는 연도 옆에 깨알같이 작은 글씨로 품계를 올려 준 이유가 적혀 있다. "경상좌도병마절도사 어유기의 장계에 의하여 비용을 힘써 마련하여 성 안팎에 해자를 파고 연못을 만들었으며, 보루를 쌓고, 탄약·깃발·간장 등의 물자를 별도로 비치하고, 군기도 많이 보수하여 고친 공로로 가자할 것을 (병조에서) 임금께 아룀(因慶尙左道兵使魚有琦狀啓竭力料辦城內外掘

垓鑿池造建堡樓藥丸旗幟甘醬等物別備軍器亦多修改之功加資事覆啓)."

마흔에 시작한 수령 생활

경상좌도 병마우후를 마치고 서울로 돌아온 정찬은 오위장 五衛將을 지냈다. 오위장은 종2품의 무관직으로 품계는 높으나 전도유망한 관직은 아니었다. 족보에서 흔히 발견할 수 있는 이 관직은 조정에서 우대직으로 활용한 데다가 특전으로 자주 내 린 무관직이어서 중인이나 서자들도 맡는 흔한 관직이 되어 버 렸다.

그래서 서얼이나 중인들에게는 이 자리가 당상관으로 출세 하는 자리였지만 무과 급제로 무武의 길을 걸어가는 무관에게 는 출세한 관직이 아니었다. 오히려 품계에 비해 업무 강도만 센 자리였다. 오위장의 주요 임무는 궁궐 및 국왕의 시위였는데 궁궐 시위가 고된 편이었다. 한 번 입직하면 3일 연속으로 근무 를 서야 했고 매일 야간에 궁궐 담장을 순찰해야 했다. 사정이 이렇다 보니 집안이 좋거나 경제적으로 형편이 좋은 무관들이 오위장을 기피하는 일도 다반사였다.

그럼에도 오위장은 유용한 관직이었다. 조정의 입장에서는 입직 당상관을 확보할 수 있어서 유용했다. 관료 개인의 입장에서는 녹봉을 받으면서 다음번 관직을 기다리는 창구 역할을 했으므로 유용했다. 중앙에는 무관이 일할 곳이 많지 않았다. 그래서 무관들에게는 지방으로 나가는 관직을 얻기 전에 오위장이나 금군장禁軍將 등을 지내면서 정기인사를 기다리는 것이 흔한 일이었다. 또 중앙에 있어야 인사권자들의 눈에 자주 띌 수 있었고 그만큼 관직을 얻기도 유리했다.

1738년(영조 14)에도 정찬은 중추부의 첨지중추부사(정3품)가 된 상태에서 오위장을 겸임했다. 예상대로 정찬은 오위장이 된 지 9개월 만인 1738년에 평안도 박천의 군수(종4품)가 되어 수령 생활을 시작했다. 첨지중추부사 겸 오위장이 된 직후로, 그의 나이 40세였다.

그 뒤 군수 생활을 마치고 서울에 온 정찬은 겸사복장兼司僕將을 거쳐 통제영의 우후로 나갔다 왔다. 이어서 47세(1745)에 함경도 단천의 부사(종3품)로 부임했다가 같은 해 모친상을 당하자 그만두고 고향으로 돌아왔다.

그런데 고향으로 돌아오기 전에 정찬은 사헌부의 탄핵을 받으면서 어려움을 겪었다. 사헌부에서 단천부사로 부임한 정찬이 박천군수 시절에 기생과 춤을 추었고, 통제영 우후 시절에도 토졸土卒을 착취했다면서 파직해야 한다고 건의했다. 하지만 영조의 판단은 달랐다. 비록 법규에 어긋난 점이 있으나 이런 사소한 일은 보고할 사안도 아니라고 보았다.

그럼에도 사헌부의 탄핵은 집요했다. 결국 정찬은 고향으로 돌아온 이듬해 초인 1746년(영조 22) 1월에 의금부로 붙잡혀 갔다가 3월에 풀려났다. 이때 죄목은 관찰사에게 도망간 연좌 죄인의 일을 보고하지 않았다는 것이었다. 당시 정찬이 어머니의 부고를 듣고 급히 고향으로 오는 바람에 생긴 일이었다. 이런 일들이 탄핵감이 된 원인은 당파와 무관하지 않아 보이지만 더 이상 자료가 없으므로 예상만 할 뿐이다.

이로부터 3년 뒤인 1749년(영조 25)에 정찬은 서울에서 천총千摠으로 근무했다. 어머니의 상을 마친 뒤였다. 6개월 뒤에는 금군장의 하나인 우림위장羽林衛將을 지냈다. 천총이나 우림위장 모두 정3품 당상 무관으로 고위직이긴 하나 오위장과 마찬가지의 위상이었다. 이렇게 서울에서 간간이 벼슬 생활을 이어나간 정찬은 1751년에 함경도 경흥의 부사가 되었다. 하지만 부임한 지 두어 달 만인 8월에 임지에서 세상을 뜨고 말았다. 향년 53세였다.

수령이 재임 중 사망하면 국가에서 고향으로 시신을 운반할 때 상여를 끌 소를 지급해 주었다. 물론 직접 소를 지급하지는 않고 소를 지원받을 수 있는 증명서를 내주었다. 이 증명서를 이용해서 역마의 교체처럼 소를 교체하면서 운구할 수 있게 지원하는 방식이었다.

그의 사망 소식이 고향에 알려진 것은 9월 초순이었다. 반구의 행차는 12월 초순에 별 탈 없이 신당포에 도착했다. 경흥을 떠난 지 70여 일만이었다. 당시 경흥에서 반구의 행차를 따라온 사람만 무려 30여 명이었다.

정찬의 부인 고령 박씨가 받은 임명장

오늘날 선산의 해주 정씨 문중에 전하는 임명장은 총 51점이다. 그중 딱 1점이 정찬의 부인인 고령 박씨高靈朴氏(1696-1785)가 받은 임명장이다. 박씨는 박세원朴世原의 딸로 90세까지 장수했다.

조선시대에는 관리로 임명되면 '고신告身'이라 불리는 임명장을 받았다. 여기에 적힌 내용은 간단하다. 예컨대 "정찬을 어모장군 행 경상좌도 병마우후로 삼음"처럼 누구를 어느 관직에 임명한다는 내용이 전부다. 관리 임명장은 이처럼 간단한 내용을 담고 있으나 관직 진출이 갖는 상징성에 힘입어 자손들에게는 그 어느 문서보다도 소중했다.

1738년 정찬의 부인 고령 박씨 교지(숙부인 임명장), 해주 정씨 신당공파 종중(구미성리학역사관 기탁 소장)

임명장은 남성만 받은 것이 아니었다. 여성도 작호를 받을
때 임명장을 받았다. 조선시대에는 왕실이나 종친 여성 이외에
양반 여성도 작호를 받았다. 이를 '외명부外命婦'라 한다. 양반 여
성의 작호에는 9등급이 있었다. 정경부인貞敬夫人(1품), 정부인貞
夫人(2품), 숙부인淑夫人(정3품 당상), 숙인淑人(3품), 영인令人(4품), 공
인恭人(5품), 의인宜人(6품), 안인安人(7품), 단인端人(8품), 유인孺人(9품)
이다. 남성 관료에 비해 단출한 편이지만 작호란 양반 여성이
국가로부터 받는 유일한 공식 직함이었다.

양반 여성이 작호를 받는 방법은 두 가지가 있었다. 하나는 생전에 남편의 관직에 따라 그에 해당하는 작호를 받는 방법이다. 예컨대, 남편이 정3품 당상관이면 부인은 숙부인이 되며, 남편이 종9품이면 부인은 유인이 되는 방식이다.

또 하나는 사후에 추증追贈이라는 절차를 거쳐 받는 방법이다. 사후이므로 당사자에게는 의미가 없으나 후손에게 추증이란 조상을 추모하고 집안을 빛내는 중요한 사업이었다. 추증 제도는 종친을 비롯해 문관·무관이 실직 2품 이상에 임명되면 그의 3대까지 관직이나 품계를 내리는 제도였다. 여성의 경우 어머니는 아들의 품계를 따르고, 할머니와 증조모는 각각 1등급씩 낮춰서 추증했다. 족보에서 관직 앞에 '증贈' 자라 적힌 관직이 바로 추증으로 받은 관직이다.

양반 여성이 작호를 받기 위한 필수 조건은 혼인이었다. 남편이나 아들·손자가 없는 여성은 작호를 받을 수 없었다. 그런데 혼인했다고 하여 모두 작호를 받을 수 있는 것도 아니었다. 첩妾에게는 내리지 않았고, 서얼 또는 개가改嫁한 여성도 받을 수 없었다. 만약 작호를 받은 여성이 개가하면 이미 내린 작호를 환수했다. 정리하자면, 양반 여성으로서 작호를 받으려면 적처 소생의 정실부인으로서 일부종사해야 했다.

고령 박씨는 1738년 6월에 남편 정찬이 첨지중추부사(정3품 당상관) 겸 오위장이 되자 규정대로 남편의 관직에 따라 숙부인 (정3품 당상)의 임명장을 받았다. 임명장을 보면 연도 옆에 작은 글씨로 그 이유가 적혀 있는데 문서가 일부 떨어져 나간 상태다. 다행히 양반 여성에게 내린 임명장의 내용이 비슷하므로 다른 임명장들을 참고하여 보충하면 다음과 같다. 보충한 내용은 괄호로 표시했다. "절충장군 첨지중추부사 (겸 오위장) 정찬의 처를 법전에 근거하여 (남편의 직을 따름)[折衝將軍僉知中樞府事(兼五衛將) 鄭巑妻依法典(從夫職)]."

4
___

훈련원 주부로 마감한
정순

29세에 급제한 무과

고남에서는 정상중과 그의 아들 정호가 무과에 급제한 뒤로 한동안 급제자가 나오지 않았다. 정호의 아들 정동망이 신당포 종가의 후사로 가서 그의 손자 정찬이 새로운 길을 여는 동안 고남은 적조했다. 이 적막을 깨고 고남에 다시 활력을 가져온 사람이 바로 정순鄭峋(1714-1775)⁶이었다.

정순은 선산 지역 해주 정씨 중 노철과 노상추 부자와 친밀하게 지낸 사람이다. 서로 마음도 터놓는 사이였던 것 같다. 노상추가 무관이 되겠다고 마음을 굳힐 즈음에 정순은 관상을 잘 본다는 상주의 거사居士를 초빙하여 노상추에게 보내 관상을 보

게 했다. "무관으로 현달한다"라는 점괘를 받은 노상추는 "정鄭
주부主簿 어른께서 내가 무武로 바꿀 뜻이 있음을 알고 권유하기
위해 보내신 것이다"(『노상추일기』, 1768년 7월 7일)라고 하면서 감사
하게 생각했다.

정순은 1740년 3월에 치러진 정시庭試 무과의 초시에 합격했
다. 정순을 포함하여 300명이 합격했다. 이 정시는 숙종의 세
번째 왕비이자 당시 대왕대비인 인원왕후에게 '광선光宣'의 존호
를 올린 기념으로 치른 시험이었다.

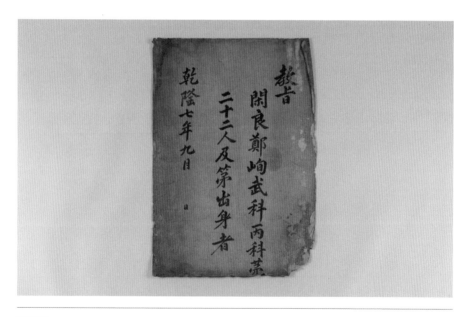

<u>그림 19</u> 1742년 정순 홍패(무과 급제 증서), 해주 정씨 신당공파 종중(구미성리학역사관 기탁 소장)

하지만 2차 시험인 전시殿試를 앞두고 정순은 응시를 연기했다. 전시가 4월 21일로 예정되었으니 초시를 치른 지 한 달 조금 더 남은 시점이었다. 당시 27세의 청년은 어떻게든 급제할 기회를 놓치지 않기 위해 활쏘기 연습이 더 필요하다고 판단했던 것 같다.

이듬해에 정순은 고향에서 동학들과 함께 활쏘기 연습에 매진하고 있었다. 이러한 노력 덕분에 그는 초시에 합격한 지 2년 만인 1742년(영조 18)에 전시를 치러 정시 무과에 최종 급제했다. 그의 나이 29세였다. 이때 정순이 급제한 정시는 왕세자(사도세자)가 8세가 되어 성균관에 입학한 일을 기념하여 치른 시험이었다. 정순을 포함하여 최종 121명의 무과 급제자를 냈다.

정순은 무과에 급제하자 합격증으로 받은 홍패를 안고 금의환향했다. 돌아오자마자 먼저 가묘에 제사부터 올려 선조들에게 급제를 고했다. 이어서 집안 어른들은 물론 선산부사를 비롯해 마을 어른들에게도 인사를 다녔다. 오래간만에 고남에서 나온 급제자였으므로 그를 축하하기 위해 친지들이 성대하게 모여 흥겨운 자리를 가졌다.

무과에 급제한 직후 정순의 앞날은 밝아 보였다. 그 증표가 1743년(영조 19) 5월에 선천으로 뽑힌 일이다. 무과에 급제한 이듬해에 뽑혔으므로 꽤 이른 발탁이었다. 같은 해 같은 무과에 함께 급제한 종손 정지신은 1745년(영조 21) 6월에야 선천으로 뽑혔다. 절도사를 지낸 선조들과 부사府使를 지낸 아버지를 둔 정지신보다 정순이 2년이나 더 빨리 뽑힌 것이다. 그 이유는 자세하지 않으나 어쨌든 정순의 입장에서는 관직으로 나가는 길이 전도양양하게 펼쳐졌다고 느꼈을 것 같다.

하지만 기쁨도 잠시였다. 첫 관직은 조금 늦은 편이었다. 그는 1750년(영조 26) 1월에 첫 관직으로 무겸 선전관이 되었다. 무겸 선전관은 종9품과 종6품이 있는데 종9품부터 시작하는 것이 일반적이므로 그도 종9품부터 시작했을 것이다. 선천에 든 지 6년 7개월 만이고 무과에 급제한 지 8년 3개월 만이었다.

선천을 빨리 받은 정순이 이처럼 늦게 첫 관직에 오른 이유는 알 수 없다. 개인 사정이 아니었을까 추측할 뿐이다. 무과에 급제한 이듬해에 정순은 연달아 초상을 당했다. 2월에 부인 평산 신씨平山申氏가 죽었고,[7] 5월에는 아버지마저 세상을 뜨고 말았다.[8] 아마도 아버지의 삼년상을 치르면서 출사가 늦어진 것이 아닐까 싶다.

그는 1752년(영조 28) 가을에 다시 무겸 선전관이 되었다. 선전관은 왕명이나 군사 명령을 전달하고, 각종 증명패를 내주고 받아들이는 임무를 띠었다. 하지만 하급 선전관에게는 주로 국왕 시위나 궁궐 입직 업무가 주어졌다. 궁궐 입직은 궁에 들어가 번을 서는 일인데 이 일은 3일을 연달아 근무하고 다음 날에도 나오므로 꽤 고단한 업무였다. 국왕 시위는 국왕 시위대에 참여하는 일이었다. 주로 국왕이 조회朝會나 과거시험, 죄인 심문, 책봉 등을 비롯해 각종 행사를 거행하기 위해 옥좌로 나오거나 여러 곳에 거둥할 때 참여했다.

훈련원 주부로 승진하다

정순은 1754년(영조 30) 12월의 인사발령에서 훈련원 주부가 되었다. 무겸 선전관으로 근무한 지 4년 만에 종6품의 주부가 되었으니 축하받을 일이었다. 나이 41세였다.

관료에게 6품이란 각별한 의미가 있다. 고위 관직이라는 높은 산을 오르기 위해 한고비를 잘 넘은 셈이며 수령으로 나갈 수 있는 자격도 획득했기 때문이다. 6품의 관직자가 되는 것을 '출륙出六' 또는 '승륙陞六'이라 하면서 특별히 강조한 것도 이런 연유였다. 중앙에서는 무관이 일할 곳이 많지 않았다. 그래서 무관의 경우 하루빨리 6품으로 올라 수령으로 나가기를 더 희망했다. 훈련원 주부가 된 정순도 다른 무관처럼 수령을 꿈꾸었을 것이다.

조선시대 훈련원 터, 서울 국립중앙의료원 경내

　　대체로 7품 이하의 관직은 15개월을 근무하면 다른 관직으로 옮겨 가거나 품계를 올려 받을 수 있었다. 이 방식대로 종9품에서 종6품까지 한 단계씩 올라가려면 7년 이상이 걸렸다. 그러므로 정순이 승진하기까지 걸린 기간이 그리 나쁜 편은 아니었다. 정순의 입장에서는 꿈이 실현될 날이 그리 멀지 않게 느껴졌을 것이다.

　　1755년(영조 31) 1월, 훈련원 주부로 근무를 시작한 정순은 삭시사朔試射에 참가했다. '삭朔'은 초하루라는 뜻으로 여기서는 매달 실시한다는 의미였다. 이 활쏘기 시험은 병조판서가 매달 20일에 정3품 당하 무관부터 종9품 무관까지를 대상으로 치르는 시험이었다. 시험과목은 유엽전 7차례(35발), 편전 2차례(6발), 철전 1차례(3발), 기추 1차례(5발)였다. 그러므로 이 시험에서 응시자가 쏴야 하는 화살은 총 49발이었으며, 여기서 4발을 맞히지 못하면 관직에서 쫓겨났다. 무관으로서 49발 중 4발도 맞히지 못하면 무관의 자격이 있을까 싶지만 4발은커녕 1발도 맞히지 못하는 사람도 있었다.

위의 시험과목 중 유엽전과 편전은 과녁을 정확히 맞혀야 하며, 철전은 무거운 화살을 멀리 쏴야 하는데 최소 80보를 넘겨야 했다. 기추는 제한 시간 안에 말을 타고 좌우로 5개씩 배치된 허수아비 표적을 지그재그로 달리면서 활로 맞히는 과목이었다. 이에 대해서는 앞서 〈길주과시도〉([그림 6])에서 이미 소개했다. 기추는 말을 잘 타야 하는 특기가 필요하므로 점수를 두 배로 부과했다.

그런데 정순은 훈련원 주부가 되고서 처음 응시한 1월의 삭시사에서 4발을 맞히지 못했다. 이때 4발을 맞히지 못한 사람은 삼군문의 파총 및 초관, 도총부의 경력 및 도사, 훈련원의 첨정 및 판관 등 정순 말고도 19명이나 더 있었다. 1발도 맞히지 못한 사람도 2명이나 되었다. 이에 병조에서는 모두 관직에서 쫓아내야 한다고 강력하게 건의했다.

다행히 영조의 판단은 병조의 판단과 달랐다. 그렇다고 하여 영조가 4발도 채우지 못한 무관들이 속출하는 상황을 여유롭게 바라본 것은 아니었다. 영조는 손에 활을 쥔 무관이 마치 문관처럼 자처하는 것을 마땅치 않게 여겼다. 국왕으로서는 각각의 직분에 따라 문관은 문관답고 무관은 무관다운 것이 제일 좋았다. 그러므로 영조도 여느 국왕들처럼 무관이 활쏘기를 연습하지 않는 현실을 우려하긴 마찬가지였다.

이 점에 대해선 무관들도 할 말이 많았다. 영조 대의 무관 송규빈宋奎斌은 문관으로서 무관처럼 생긴 사람은 으레 경멸받고, 무관이면 서생처럼 행동해야 세상이 용납한다면서 개탄했다. 그는 "만일 무관으로서 말달리기를 좋아하면 사람들이 망령되고 패악하다고 지목하니 이런 풍습은 참으로 부끄럽기 짝이 없다"(『풍천유향』)라고 하면서 울분을 토했다.

어쨌든 영조는 국왕으로서 더 세심하게 사안을 처리했다. 영조는 활쏘기 시험을 치르던 날에 바람이 높게 이는 바람에 무관들이 제대로 실력을 발휘하지 못했다고 판단했다.

그러면서 더 마음을 쓴 부분이 지방 출신 무관들의 어려운 처지였다. 영조는 "이들 중 반드시 먼 지방 무사들이 많을 텐데 어렵고 힘든 가운데 근면하게 근무하는 자들을 이번에 모두 특별히 용서하여 처분하라"(『승정원일기』, 영조 31년 1월 23일)고 지시했다. 국왕으로서 지방 무관들에게 만회할 기회를 마련해 순조치었다. 다만 한 발도 맞히지 못한 사람만 곤장을 쳐서 사태의 심각성을 깨우치게 했다. 영조의 조치와 배려로 구제받은 정순은 훈련원 주부 자리를 지킬 수 있었다.

희비를 가른 활쏘기 실력

정순이 치른 삭시사는 6월과 12월만 제외하고 매달 치르는 시험이었다. 활쏘기 실력은 무관의 자긍심을 높이는 지름길이었다. 그래서 무관이 활쏘기를 게을리하지 못하게 매달 시험을 치렀고, 꾸준히 활쏘기 연습을 하지 않으면 낙제를 면하기 어려운 상황을 만들었다. 이런 이유로 활쏘기에 대한 무관들의 심리적인 압박감은 매우 컸다.

당시 유학적 소양을 갖춘 무관을 선호하는 분위기에서 무관들은 능마아강能麼兒講을 비롯하여 빈청강賓廳講·무경강武經講 등 병학 지식을 요구하는 여러 시험을 치러야 했다. 이런 환경에도 불구하고 무관의 고과나 승진에 결정적으로 영향을 미친 것은 활쏘기 실력이었다. 활쏘기 시험에서 낮은 점수를 받으면 고과에서 낮은 점수를 받거나 승진을 할 수 없었다. 심지어 쫓겨나기까지 했다. 도태당하지 않으려면 꾸준히 활쏘기 연습을 해야했다.

이와 반대로 활쏘기 실력이 좋으면 출세의 기회를 얻었다. 관무재觀武才를 비롯하여 도시都試·시사試才·내시사內試射·중일中日·중순中旬 등 각종 시험에서 1등을 하거나 한 과목에서 만점을 받으면 특전이 있었다. 가장 많이 내린 상이 품계를 올려 주거나 면포를 주는 것이었다. 또 군사 요새지의 책임자인 변장邊將으로 나가거나 드물게 수령으로 나갈 수도 있었다.

하지만 이것은 활쏘기 실력이 출중할 때의 이야기다. 무관들에게는 1등을 꿈꾸는 일보다 과락을 받지 않는 일이 더 중요했다. 활쏘기 실력이 좋지 않을수록 더 그러했다. 이런 측면에서 활쏘기 실력은 관료 생활을 유지하고 버티기 위한 근본이자 승진할 수 있는 디딤돌이었다.

정순의 출세를 가로막은 것도 다름 아닌 활쏘기 실력이었다. 정순은 4월에 참가한 삭시사에서도 과락을 받았다. 이때도 정순 이외에 8명이 과락을 받았고, 이 중 1명은 정순처럼 지난 1월 삭시사 때 과락을 받은 사람이었다.

이 4월의 삭시사 결과는 영조조차 지난번처럼 옹호할 여지가 없었다. 영조는 낙제점을 받은 무관들을 쫓아내야 한다는 병조의 건의를 수용했고, 국왕의 명에 따라 정순은 훈련원에서 나와야 했다. 그리고 이후 더 이상 관직에 진출하지 못하면서 훈련원 주부가 그의 최고위직이자 마지막 관직이 되고 말았다.

오늘날 한국학중앙연구원 장서각에는 『당하무신관안堂下武臣官案』이라는 관료 명단 자료가 전한다. 여기에 「선천출륙후미경총부선청인원宣薦出六後未經摠府宣廳人員」이라는 약간 복잡해 보이는 명단이 들어 있다. '선천을 받아 6품의 관직으로 나간 뒤 도총부나 선전관청을 거치지 않은 관원'의 명단이다. 요즘으로 치면 인사카드의 일종이었다.

이 자료에 "전前 주부 정순, 1742년 무과 급제, 1755년 재락才落, 선산 거주"라는 내용이 들어 있다. '재락'이란 낙제했다는 의미로 바로 1755년의 삭시사에서 낙제했음을 뜻한다. 그리고 정순은 무겸 선전관으로서 선전관청을 거쳤으므로 도총부를 거치지 않은 관료로 이 명단에 올랐을 것이다. 조선왕조에서 관료들을 치밀하게 관리한 면모를 엿볼 수 있는 자료다. 정순의 나이 42세였다.

환갑에 뛰어든 구직 활동

　정순은 훈련원 주부에서 물러나자 바로 고향으로 돌아왔다. 정순은 고향에서 농사일을 관장하면서 친지나 이웃들과 교류하면서 생활했다. 친지나 친구들을 방문하거나 장례를 돕기도 했다. 어떤 때는 강에 어망을 설치하여 고기를 잡기도 했다. 그 사이 큰일도 있었다. 곽필인과 혼인한 장녀가 아이를 낳은 후유증으로 죽는 아픔을 겪었다.

　그러면서도 정순은 구직 활동을 멈추지 않고 기회가 생기면 서울로 갔다. 그 기회란 남인이 병조판서를 맡았을 때였다. 정순이 살던 시대에는 중앙의 실력자와의 연결 고리가 관직 획득에 지대한 영향을 미쳤다. 지방 출신이 관직을 얻기 위해서는 본인을 적극적으로 홍보할 필요가 있었는데, 중앙의 실력자와 당색黨色이 같으면 훨씬 유리한 상황이었다.

　인사권자 입장에서는 관직 후보자로 어떤 사람이 있는지 일일이 파악하기가 쉽지 않다. 더구나 현실적으로 지방 출신 인물은 더 알기 어려운 것이 부인할 수 없는 현실이었다. 이때 관직을 얻기 위해 뇌물을 갖다 바치는 짓은 '분경奔競'이나 '엽관獵官' 행위로 비난받아 마땅하다. 하지만 정순처럼 명함을 들이기 위해 인사를 가는 것은 당시 평범한 무관이 할 수 있는 최선의 개인 홍보였다.

정순은 관직을 얻기 위해 세 차례 서울로 갔다. 1763년(영조 39)에는 이지억李之億이 1755년 이후 처음으로 남인으로서 **병조** 판서가 되었다는 기별을 듣고 부랴부랴 서울로 갔다. 이지억은 번암 채제공의 외삼촌이자, 19세기 안동 풍산 류씨의 학문과 벼슬을 대표하는 인물인 류이좌柳台佐의 외조부였다. 하지만 그가 서울에 도착하기 전에 이미 병조판서에서 교체된 상태여서 인사만 하고 돌아왔다. 또 한 번은 1772년(영조 48)에 채제공이 병조판서가 되자 서울로 갔다. 이때도 이지억 때처럼 서울에 도착하니 채제공이 병조판서에서 물러난 뒤여서 허탕을 치고 돌아왔다. 그의 나이 59세였다.

이로부터 2년 뒤인 1774년(영조 50)에 환갑이 된 정순은 구직을 위해 세 번째 서울행을 작심했다. 정지신이 이번 병조판서가 본인과 매우 친하다면서 찾아가 보라고 권유하자 다시 마음을 먹은 것이다. 이때의 병조판서는 홍명한洪鳴漢이었다. 홍명한은 남인으로 대사헌과 대사간에 올랐으며, 조선의 문물 및 제도를 망라한 백과사전인 『동국문헌비고東國文獻備考』의 편찬을 책임졌던 사람이다.

정지신은 정순과 같은 해 같은 무과에 급제한 친족이다. 신당포의 종손宗孫인 그는 비교적 성공적으로 경력을 쌓아서 수령

그림 21 〈채제공 초상-시복본時服本〉, 수원화성박물관 소장

정순은 채제공이 병조판서가 되자 구직을 위해 서울로 갔다

은 물론 영장領將까지 지냈다. 이 과정에서 쌓은 인맥으로 정순에게 도움을 준 것이었다. 정순은 정지신보다 선천을 빨리 받았으나 벼슬길에서는 역전되어 버렸다.

아들 정달신과 함께 서울로 간 정순은 이번에도 용인에 도착했을 때 이미 홍명한이 물러났다는 소식을 들었다. 그는 한강도 건너지 않은 채 바로 고향으로 돌아오고 말았다. 명함 한 장 내밀 곳 없는 서울에 가 봐야 아무 소용이 없다는 것을 누구보다도 잘 알았던 것이다. 더 이상 어찌해 볼 도리가 없었다.

당시 서울로 가는 정순을 배웅한 노상추는 이번 서울행도 성공 여부를 알 수 없다면서 안타까워했다. "주부 어른의 진실한 마음과 순수한 덕으로도 끝내 불우하게 지내다가 이번에 환갑을 맞이하셨으니, 예측하기 어려운 것이 하늘이다."

현실적으로 예측하기 어려운 것은 하늘의 뜻이 아니라 당시 조정의 정치적 상황이었다. 그 속에서 평범한 무관이 할 수 있는 일은 그리 많지 않았다. 더구나 세 번의 서울행만으로 뭔가를 쟁취하기란 더더욱 어려웠다. 관직 후보자에 비해 벼슬자리가 한정되어 있어서 정기인사철마다 인사를 가도 관직을 얻을까 말까 하는 상황이었다. 정순이 이를 알면서도 자주 서울로 가지 못한 데는 서울행 경비를 헛되이 써 버리지 않으려는 경제적 사정도 있었을 것으로 추측된다.

5

정지신의 전성시대

아버지 덕택으로 받은 정5품 품계

　앞서 소개한 대로 오늘날 선산의 해주 정씨 문중에 전하는
임명장은 51점이다. 그중 정찬의 임명장이 18점이고, 정지신鄭
趾新(1722-1787)의 임명장이 20점이다. 이 두 사람의 임명장을 모
두 합치면 그 비중이 75%(38점)나 된다. 더구나 두 사람은 부자
사이여서 신당포의 해주 정씨 집안이 정찬을 거쳐 정지신 대에
전성시대가 펼쳐졌음을 짐작할 수 있다.

　정지신의 자는 군우君又, 초명은 순신純新이다. 그는 무과 급
제 당시에 통덕랑通德郎이라는 품계를 갖고 있었다. 통덕랑은 동
반의 정5품 품계로 참상관에 해당하므로 높은 품계였다. 족보

에 올라 있는 정지신의 형제는 4명으로 그가 장남이었다. 4명의 형제 중 둘째 정우신만 제외하고 3명이나 무과에 급제했다. 셋째 정주신(1738-1785)도 28세에 통덕랑으로 무과에 급제했다. 막내 정필신(1750-?)은 35세에 선무군관選武軍官으로 무과에 급제했다.[9]

정지신과 정주신은 무과에 급제하기 전까지 관직에 나가 본 적이 없다. 그런데도 이들이 통덕랑을 소유한 것은 대가代加의 덕택이었다. 대가란 본인이 받을 품계를 아들·손자·아우·조카에게 대신 줄 수 있는 제도였다. 이 덕분에 양반은 관직에 나가지 않고도 품계를 소유할 수 있었고, 출세의 측면에서도 다른 사람보다 우위를 점할 수 있었다. 그래서 관료라면 기회가 생길 때마다 자손에게 품계를 주고 싶어 했다. 그렇다고 하여 무한정 줄 수 있는 것은 아니고 통덕랑까지만 줄 수 있었다.

정지신과 정주신에게 품계를 줄 수 있는 사람은 아버지 정찬밖에 없다. 병마절도사까지 오른 증조부 정동망은 두 사람이 태어나기도 전에 이미 세상을 떴고, 조부 정위세는 관직에 나간 적이 없으며 그 역시 두 사람이 태어나기 전에 사망했다. 그러므로 두 사람에게 대가로 품계를 준 사람은 아버지 정찬이었다.

막내 정필신은 정찬이 사망하기 1년 전에 태어났다. 그래서 대가를 받지 못하고 선무군관으로 급제했다. 선무군관은 지방의 세력가나 부유한 양인 가운데 군역 대신에 군포軍布를 부과하고서 군관의 칭호를 붙여 준 사람들이다. 이들은 군사는 아니지만 수령 휘하에 배속되었고, 각도에서 매년 한 자례씩 실시하는 무예 시험에서 1등을 차지하면 곧바로 무과 전시에 응시할 수 있는 직부전시의 혜택을 받았다. 하지만 선무군관의 숫자가 많다 보니 이 혜택을 받기가 쉽지 않아서 대부분은 직접 무과에 응시했다. 정필신도 여러 시험에 응시한 끝에 1784년(정조 8)에 무과에 급제했다.

21세에 무과에 급제하다

정지신이 공식적으로 활을 잡은 시기는 20세였다. 그는 친족인 정순이 고남에서 활쏘기를 연습하는 장소에서 함께 활쏘기 공부를 했다. 그는 활쏘기 공부에 입문하면서 선배들에게 음식과 술을 대접하는 신사례新射禮도 거행했다. 일종의 신고식을 치르면서 활쏘기 공부에 대한 의지를 보여 준 것이다.

그리고 실력이 좋았는지 운이 좋았는지 활쏘기 공부를 시작한 지 1년 만인 1742년에 정시 무과에 급제하는 기염을 토했다. 불과 21세였으니 매우 이른 나이의 성취였다. 그의 증조부 정동망과 아버지 정찬 모두 27세에 무과에 급제했다. 또 정지신과 같은 무과에 나란히 급제한 정순도 29세였다. 이뿐만이 아니다. 17-18세기를 통틀어서 선산의 해주 정씨 가운데 20대 초반에 무과에 급제한 사람은 정지신이 유일하다. 아마도 문文이냐 무武냐는 진로 결정에 시간을 허비하지 않고 아버지의 길을 좇아 일찌감치 무과를 선택한 결과로 보인다.

정지신은 무과에 급제한 이듬해에 도군관道軍官이 되었다. 경상우도병마절도사의 추천으로 선발된 자리였다. 이후 정지

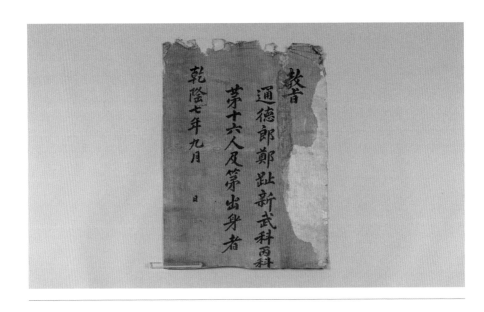

그림 22 1742년 정지신 홍패(무과 급제 증서), 해주 정씨 신당공파 종중(구미성리학역사관 기탁 소장)

신이 선천으로 뽑힌 해는 1745년 6월이었다. 정지신과 같은 정시 무과에 급제한 정순은 1743년 5월에 선천이 되었으니 늦은 편이었다.

정지신은 선천에 든 지 2년 만인 1747년(영조 23) 6월에 무겸 선전관이 되었다. 그의 첫 벼슬이었다. 국왕 영조가 새로 임명한 관료들을 만나 보는 자리에 정지신도 참석했다. 한 사람씩 영조에게 나아가 엎드리면 영조가 질문하는 방식이었다. 정지신의 차례가 되었다. 영조는 으레 하는 질문을 했다.

"너의 나이가 몇 살이냐?"
"26세입니다."
"거주지는 어디인가?"
"선산에 살고 있습니다."
"너희 일가에 현달한 관리가 있는가?"
"소신의 아버지가 단천부사 정찬입니다."
―『승정원일기』, 영조 23년 6월 2일

이렇게 정지신에게 태산 같은 존재였던 정찬은 이로부터 4년 뒤인 1751년에 세상을 뜬다.

성공적인 수령 생활

정지신은 무과 급제 뒤에 끊이지 않고 관직 생활을 했다. 네 차례나 현감을 지내고 상주 영장尙州營將도 지내면서 전성시대 를 구가했다. 선산의 해주 정씨 집안의 역사에서 신당 정붕 이 후로 최고의 전성시대를 꼽으라면 절도사가 연거푸 배출된 정 영과 정동망 시절이라 할 수 있다. 그럼에도 정지신의 시절을 전성시대로 표현하는 이유는 18세기 선산 지역에서 노상추의 조부인 노계정盧啓禎(1695-1755)과 함께 무과로 이만큼 성공한 사 람도 드물기 때문이다.

다른 무관과 마찬가지로 그는 한 번 수령으로 나간 뒤로 평 생 주로 지방에서 관직 생활을 했다. 중앙에는 무관들을 수용 할 관직이 많지 않은 탓이었다. 지방에서 근무하면 장점도 있었 다. 수령이 되면 부모를 모시고 가서 영예롭게 봉양할 수 있기 때문이었다. 부모에게도 아들의 부임지에 함께 가는 것은 남들 의 부러움을 사는 기쁜 일이었다.

정지신은 서울에서 무겸 선전관과 선전관을 지낸 뒤에 오위 도총부의 경력(종4품 무관직)을 거쳐 1756년(영조 32)에 공조좌랑이 되었다. 공조좌랑은 정6품으로 오위도총부의 경력에 비해 품 계는 낮았으나 문관 벼슬이었다. 무관으로서 문관직을 맡았으므로 특별한 의미가 있다. 이어서 이듬해인 1757년에 전라도의 해남현감으로 나가면서 처음 수령이 되었다. 그의 나이 36세였다. 그의 아버지인 정찬이 40세에 수령이 되고 친속 정날신이 54세에 수령이 되었으니 수령으로 진출한 나이도 빨랐다.

정지신은 영조가 신임 수령들의 하직 인사를 받는 자리에 참석했다. 신임 해남현감 정지신의 차례가 되자 영조는 수령이 힘써야 할 7개 조항을 외우게 한 뒤에 "나에게 생각이 있어 너

연도	나이	관직
1742년(영조 18)	21	무과 급제
1747년(영조 23)	26	무겸 선전관
1750년(영조 26)	29	무겸 선전관, 의금부도사
1754년(영조 30)	33	무겸 선전관
1755년(영조 31)	34	선전관
1756년(영조 32)	35	오위도총부 경력, 공조좌랑
1757년(영조 33)	36	해남현감
1760년(영조 36)	39	상주 영장
1767년(영조 43)	46	운봉현감
1769년(영조 45)	48	횡성현감
1772년(영조 48)	51	경상도 순영 중군
1778년(정조 2)	57	곡성현감

표3 정지신의 주요 경력

를 이 읍에 임명했으니 너는 모름지기 충분히 힘써서 굶주린 백성을 구제해 살려야 한다"라고 당부했다.

정지신은 해남현감으로 3년 6개월을 근무했다. 수령도 임기가 있을까 싶으나 공식적인 수령의 임기는 1,800일(5년)이었다. 당상관으로 부임하거나 가족을 데려가지 않는 수령은 900일(2년 6개월)이었다. 임기를 일수로 세세히 따지는 이유는 부임한 날부터 근무일수를 계산했기 때문이다. 그는 당상관이 아니었으므로 전자에 해당했다.

중요한 사실은 이렇게 임기가 있으나 임기를 꼭 채우는 수령은 그리 많지 않았다는 점이다. 조선시대 전라북도 25개 군현의 수령 재임 실태를 분석한 연구에 따르면,[10] 16세기부터 18세기까지 재임 기간을 알 수 있는 3,616명 중 임기를 채운 수령은 10%를 넘지 못했다고 한다.

또 교체 사유를 알 수 있는 수령 3,390명 중 정지신과 연관이 있는 18세기의 현감에 국한해서 연구 결과를 소개하면, 18세기 전북의 현감 중 임기를 채운 사람은 6% 내외에 불과했다. 24개월 이상 근무한 현감은 42% 정도로 절반 이상이 2년을 채우지 못했다. 정지신은 전남의 현감이어서 이 수치를 그대로 반영할 수 없으나, 3년 6개월의 근무 기간이 매우 특별한 사례였다는 사실은 분명하다.

그렇다면 정지신이 3년 6개월이나 근무한 비결은 무엇이었을까. 그것은 열심히 근무한 덕택이었다. 또 6장 정달신의 이야기에서 소개할 예정인데, 수령들이 열심히 근무해도 아전들과 사이가 나쁘면 임기를 채울 수 없는 것이 현실이었다. 아마도 정지신은 아전도 잘 다스린 것 같다.

정지신은 해남에서 아버지 정찬이 했던 대로 상당수의 무기를 특별히 구비하고 보수했다. 이 공으로 1760년(영조 36)에 통훈대부(정3품 동반 당하 품계)에서 통정대부(정3품 동반 당상 품계)로 1단계의 품계가 올라 드디어 당상 품계를 소유하게 되었다.

그리고 아버지처럼 통정대부로 품계를 고친 해남현감 임명장도 다시 받았다. 새로 받은 임명장에는 연도 옆에 작은 글씨로 품계를 올려 준 이유가 뚜렷하게 적혀 있다. "각종 군기를 특별히 구비하고 수리한 규모가 매우 많아서 그 공로로 품계를 올려주라는 전교를 받듦(以各樣軍器別備修補之數極爲夥然之功加資事承傳)."

이어서 이 공로 덕분인지는 분명하지 않으나 통정대부가 된 지 2개월 만에 경상도 상주의 영장으로 자리를 옮겼으므로 상호 연관이 있어 보인다. 영장은 지방의 군사력을 강화하기 위해 설치한 진영鎭營의 책임자로 정3품 당상 무관직이다. 종6품의 현감에서 정3품 당상관이 되었으니 파격적인 승진이었으며, 그의 생애 중 가장 영예로운 관직이었다. 영장은 수령이 겸임한

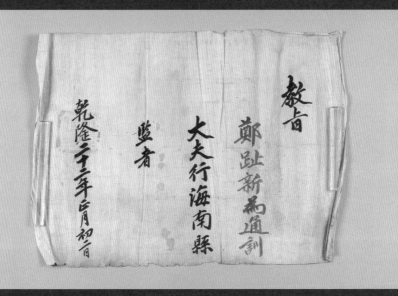

그림 23 **1757년 정지신 교지**(해남현감 임명장), 해주 정씨 신당공파 종중(구미성리학역사관 기탁 소장)

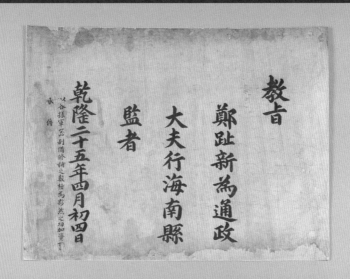

그림 24 **1760년 정지신 교지**(품계를 통정대부로 올려 주면서 다시 발급한 해남현감 임명장), 해주 정씨 신당공파 종중(구미성리학역사관 기탁 소장)

곳도 있고 전담자를 파견한 곳도 있는데 상주 영장은 후자에 해당했다. 영장은 양인과 천인으로 구성된 지방군대인 속오군束伍軍의 훈련과 지휘를 담당했으며, 토포사討捕使를 겸임하면서 지역의 치안도 관여했다.

이후 정지신은 운봉현감, 횡성현감, 경상도의 순영 중군巡營中軍 등을 거쳤다. 57세에는 전라도 곡성의 현감이 되었는데 이 자리가 그의 마지막 관직이었다. 1779년(정조 3) 1월에 부임하여 1781년(정조 5) 6월에 교체되어 돌아왔으니 2년 6개월 동안 근무했다. 그가 곡성현감으로 부임할 때는 당상관의 품계를 띤 채 갔으므로 2년 6개월의 임기를 다 채우고 돌아온 것이다. 이때 그는 84세의 노모를 모시고 갔는데, 『일선읍지』에 "효행이 있었다"라고 전한다. 이 84세의 노모가 앞서 소개한 정찬의 부인으로 숙부인 임명장을 받은 고령 박씨다.

곡성현감 시절에도 그의 활약상은 계속되었다. 정지신의 후임으로 임명된 김재화가 정조 임금에게 하직 인사를 올리는 자리에서 그의 미담이 밝혀졌다. 정조가 김재화에게 곡성으로 부임해서 그곳의 폐단을 잘 구제할 수 있겠느냐고 물었다. 김재화의 대답은 의외였다. "전임 수령이 거의 다 바로잡았다고 합니다."

전혀 예기치 않은 답변을 들은 정조는 전 전라도관찰사 서유린徐有隣에게 사유를 자세히 말해 보라고 명했다. 관찰사는 오늘날의 도지사로서 서유린이 그 당시 정지신의 상관이었다. 서유린도 정지신이 일을 잘 처리해서 정말로 지금 크게 개혁할 만한 일이 없다고 대답했다. 정지신의 행장行狀에 가는 곳마다 잘 다스렸다는 말이 있는데, 이는 빈말이 아니었다.

사돈 권필칭의 존재

정지신은 경상도 단성현 출신의 무관 권필칭權必稱(1721-1784)과 사돈을 맺었다. 정지신은 슬하에 아들 다섯과 딸 둘을 두었는데 큰딸이 권필칭의 아들인 권엽權爗과 혼인했다. 권필칭은 무관으로서 학문에도 조예가 깊어 '유장儒將'으로 명성을 떨친 무관이었다. 그래서 경상도에서 무과로 진출하려는 사람들의 모범 사례로 꼽혔다.

권필칭의 본관은 안동이다. 단성에서 안동 권씨가 명문으로 부상한 계기는 권집·권준 형제와 그의 사촌 권도權濤가 1-2년 사이에 문과에 급제하여 '삼권三權'으로 불리며 문명을 떨치면서부터였다. 권필칭은 '삼권' 중 권도의 6세손이었다.

권필칭은 대부분의 양반이 그러하듯이 글공부를 하여 세상에 뜻을 펼칠 생각이었다. 하지만 생원진사시에서 두어 차례 낙방하자 진로를 바꿔 30세에 무과에 급제했다. 그가 무과를 선택한 데는 그의 어머니의 권유가 컸다. 어머니가 그에게 "집안이 적막하게 된 지 오랜데 무슨 뜻으로 벼슬하지 않느냐. 늙은어미가 걱정하지 않게 해 달라"(『오담선생문집』)라고 당부했던 것이다.

무과에 급제한 권필칭은 선천으로 뽑힌 뒤에 선전관, 훈련원 주부, 도총부 경력, 병조좌랑 등을 지냈다. 하지만 수령으로는 나가지 못하고 있었다. 그래서 39세에 다시 어머니의 권유로 관직을 구하기 위해 1년 동안 서울에서 지냈으나 이렇다 할 성과를 내지 못했다. 낙향하기 전에 그는 마지막 지푸라기라도 잡는 심정으로 서지수徐志修의 명성을 듣고 찾아갔다가 서지수의 눈에 들어 서산군수에 천거되었다. 하지만 전 서산군수가 다시 임용되는 바람에 부임하지 못하다가 얼마 뒤 장기현감으로 임명되면서 벼슬길이 열렸다. 이후 그는 해남현감, 삭주부사, 파주목사, 창성부사 등을 거쳐 1783년(정조 7)에 경상좌도수군절도사에 올랐다.

그런데 경상도에서 권필칭을 유명 인사로 만든 것은 이런 관직이 아니었다. 권필칭은 무관이었으나 선비의 길에서 벗어나지 않기 위해 큰 노력을 기울였고 예학도 탐구했다. 수령으로 부임해서는 선비의 교화에도 앞장섰다. 이렇게 학문의 길을 추구한 결과, 그는 학행으로 괄목할 만한 성과를 일궈 내면서 '유장'이란 칭호를 들었다. 이뿐만이 아니었다. 송명흠宋明欽과 김원행金元行의 '문인록'에 그의 이름이 올랐고, 김원행으로부터는 "지금 시대의 송당 박영"이라는 평가도 받았다.

　이 대목에서 권필칭의 처세를 주목할 필요가 있다. 권필칭이 무과에 급제했을 때 집안사람들은 곱지 않은 시선을 보냈다. 그의 전향을 의아해하면서 일탈행위로 간주했다. 이런 분위기에서 집안의 품위를 유지하고 편견에 맞설 방법은 양반사회에서 인정해 주는 학행을 닦는 일이었다. 그것이 권필칭이 유장의 길에 매진한 속 깊은 이유였다고 생각한다.

　이와 관련하여 노상추의 일기가 눈길을 끈다. 노상추는 삭주부사 권필칭이 1778년의 겨울에 받은 인사 평가문을 일기에 적어 두었다. 수령의 근무 점수는 상·중·하로 매기고 여덟 글자로 논평했다. "예의를 돈독하게 하고 재물에는 청렴하며, 무관으로 이름이 났고 선비의 행실도 있다(敦禮廉財武名儒行)."(『노상추일기』, 1779년 2월 9일) 이 평가문을 접한 노상추는 영원히 공문서에 남을 만한 일이라면서 감탄했다. 이런 권필칭이 사돈이었으니 정지신의 입장에서는 본인의 명망을 일구는 데에 도움이 되고도 남음이 있었다.

정지신은 권필칭보다 한 살이 적었다. 연배가 비슷한 두 사람은 사돈이면서도 친구처럼 지냈다. 1771년(영조 47) 초에 정지신은 횡성현감에서 물러나 고향에서 지내고 있었다. 이해 가을에 권필칭도 고성현령을 그만두겠다는 사직서를 올리고 선산에 와서 머물렀다. 대간들이 본인을 추천한 이조판서 원인손의 파직을 강력하게 주장하자 그만 사직서를 던지고 고향으로 돌아가던 길이었다.

산수 유람을 좋아한 권필칭은 선산의 풍경이 맘에 들었는지 잠깐 들른다는 것이 오래 머물면서 주변을 여행했다. 며칠씩 여러 친구와 함께 선산의 대둔사大竜寺에서 노자정鸕鶿亭을 거쳐 문동文洞으로 가서 낙동강 일대를 유람하고 돌아오기도 했다.

정지신의 사위이자 권필칭의 아들인 권엽도 통덕랑의 품계를 띠었다. 정지신과 마찬가지로 대가代加로 그의 아버지 권필칭으로부터 받은 품계였다. 권엽은 아버지의 명으로 1766년(영조 42)에 송명흠의 문하에 들어가 글을 익혔다. 1768년(영조 44)에 스승 송명흠으로부터 받은 편지가 4통일 만큼 공부에 매진한 것 같다.

하지만 안타깝게도 권엽은 1779년에 아버지의 근무지인 삭주 관아에서 객사하고 말았다. 겨우 35세였다. 권엽은 부인 정씨 사이에 1남 3녀를 두었는데 당시 아들이 고작 4세에 불과했다. 정지신은 사위가 죽자 장남을 보내 장례를 돕게 했다. 5년 뒤에 권필칭마저 세상을 뜨자 애통한 마음에 만장과 제문을 지어 추모했다. 만장에서 그는 친구의 죽음을 애도하면서 과부가 된 본인의 딸과 어린 손자로 인해 큰 슬픔을 드러냈다.

도움을 주는 이웃이 되다

정지신은 벼슬에서 물러나면 어김없이 고향으로 돌아와 어머니를 모시고 지냈다. 그러면서 크고 작은 일들을 겪었다. 1771년에 횡성현감에서 물러나 고향에 있을 때는 마을의 서인庶人에게 구타를 당한 적도 있다. 이에 그의 동생이 격분하여 형을 때린 사람을 관아에 고발했고, 선산수령은 그 사람을 붙잡아다 장 15대를 쳤다. 무슨 일인지는 알 수 없으나 사소한 일이었다고 한다.

정지신은 50대 초반에 경상도의 순영 중군에서 돌아온 뒤로 몇 년 동안 벼슬이 없이 지냈다. 그 사이에 만년을 보내기 위한 5칸짜리 정사精舍를 짓고, 고남의 친척 정곤과 함께 그곳을 자주 오가면서 시간을 보냈다. 이후 곡성현감으로 나갔다가 되돌아온 지 얼마 되지 않아 본가가 화재로 다 타 버리자 새로 집도 지었다.

이렇듯 크고 작은 일들이 있었으나 버슬살이 덕분에 남들에게 노움을 줄 수 있는 처지였으므로 그의 집에는 손님이 끊이지 않았다. 친척들이 식량을 구하러 오거나 이웃에서 말을 빌리러 오기도 하고 약재를 얻으러 오기도 했다. 1774년(영조 50)에 노상추는 조카아이가 천연두를 앓기 시작하자 약재로 쓸 자초용紫草茸을 구하기 위해 교동校洞으로 갔으나 허탕을 쳤다. 이에 다시 장산長山 약국으로 가서 간신히 자초용 2전쯇을 구했으나 부족했다. 그러자 밤늦게 정지신의 집으로 가서 자초용 2전을 더 구할 수 있었다.

또 정지신은 관료 생활을 오래 한 덕분에 아는 사람도 많아 어려운 일을 당한 사람들의 해결사 노릇도 자처했다. 노상추도 도움을 받았는데, 노상추가 산송을 당하자 해당 고을의 수령을 잘 아는 그에게 편지를 부탁한 적도 있다. 또 정순이 환갑이 되어서 벼슬을 구하려고 서울에 가게 된 것도 당시 병조판서 홍명한을 잘 알고 있던 그의 권유였다. 이 이야기는 이미 정순의 관직 생활에서 자세히 소개했다. 또 그는 서울에서 근무할 때면 무과에 응시하러 서울로 온 조카나 친척들과 숙소를 공유하면서 든든한 버팀목 역할도 해 주었다.

무엇보다도 신당포에는 활쏘기를 익혀 무과에 응시하려는

사람들의 발길이 끊이지 않았다. 정지신의 아버지를 비롯하여 정지신 및 그의 형제들이 무과에 나란히 급제했으므로 자연스럽게 선산을 비롯하여 인근 지역에서 활쏘기를 배우려는 사람들이 찾아왔다. 노상추도 처음에는 정순이 있는 고남에서 활쏘기를 하다가 신당포로 장소를 옮겨 활쏘기 공부에 매진했다. 풍산豊山에서도 찾아와서 정지신의 집에 머물면서 그의 막내아우 정필신에게 활쏘기를 배웠다.

일찌감치 무관의 길을 선택한 정지신은 몇 차례나 수령을 지내고 영장을 지내는 등 꾸준히 관직 생활을 했다. 현재까지 선산의 해주 정씨 집안에 전해 오는 수많은 그의 임명장들이 살아 있는 증거다. 또 수령으로 나가서 3년 이상 재직한 적이 있을 만큼 실적도 쌓았고, 고을 폐단을 대부분 해결했다는 평가도 받았다. 이러한 요소들이 밑바탕이 되어 인맥을 형성하고 경제력도 생기자 주위에 도움을 주는 이웃이 되었다.

6

정달신의 수령 진출기

혼인에서 무과 급제까지

이 책의 3장에서 소개한 훈련원 주부 정순은 슬하에 아들 둘과 딸 셋을 두었다. 그중 장남이 정달신鄭達新(1734-1799)이다.[11]

정달신은 19세에 조영백의 딸인 함안 조씨咸安趙氏에게 장가들었다. 그런데 혼사 과정에서 이런저런 말들이 나오자 해주 정씨 집안에서 혼인을 물려야 한다고 말할 정도였다. 하지만 중간에 전해 들은 이야기에 좌지우지되어서는 안 된다는 의견이 우세해서 파혼하지 않고 혼례를 치렀다. 왜 혼사가 오가는 와중에 여러 말이 나왔는지, 또 그 내용은 무엇인지 알 길이 없으나 어렵사리 혼사가 성사된 것만은 분명해 보인다.

정달신은 아버지의 길을 좇아 언제부턴가 활쏘기를 공부했다. 그는 아버지가 연습한 고남의 활터에서 활쏘기를 익혔다. 무관이 되는 길은 쉬운 듯했으나 쉬운 길이 전혀 아니었다. 오랜 인고의 세월을 보낸 정달신은 혼인한 지 11년 만인 1763년 가을에 증광 무과에 급제했다. 그의 나이 30세였다. 이 과거는 영조가 칠순이 되고 왕위에 오른 지 40년이 되는 경사를 축하하는 시험이었다. 당시 선산 지역 양반의 무과 급제자들이 그러했듯이 정달신도 손가락으로 셀 수 없는 만큼 많은 낙방 끝에 급제했을 것이다. 당시 문과는 53명을 뽑았고, 무과는 문과 급제자의 6배에 달하는 318명을 뽑았다.

정달신의 집에서는 장남의 급제를 축하하기 위해 화주華柱를 세우고 축하 잔치도 벌였다. 화주는 과거 급제 등 영광스러운 일이 있을 때 주변에 그 일을 알리기 위해 세우는 솟대다. 다른 지역은 어떤지 알 수 없으나 당시 경상도 선산에서는 과거에 급제하면 화주를 세웠다. 보통 집 앞이나 선조의 산소 앞에 세웠다. 그만큼 영예롭고 자랑하고픈 무과 급제였다.

정달신은 무과에 급제한 바로 그해 12월에 선천에 들었다. 무과에 급제한 지 2개월 만이었으니 대단히 빠른 셈이었다. 일단 선천에 들었으니 무과 급제자로서 관직 진출의 앞날도 괜찮았다. 그를 선천으로 추천한 선배 선전관은 조영검趙榮儉이었다.

조영검은 선산의 북쪽에 자리한 초곡(현 구미시 옥성면 초곡리) 출신으로 1759년(영조 35)에 무과에 급제했다. 1763년 당시 선전 관으로 있으면서 본인과 동향 사람인 정달신을 추천한 것이다. 비록 나중이긴 하나 조영검의 무남독녀가 정주신의 외아들과 혼인하므로 해주 정씨와 친밀한 관계였던 것 같다. 또 당시 경 상도 출신의 선전관이 많지 않은 상황에서 어떻게든 고향 사람 을 밀어주고 싶었을 것이다. 정달신의 입장에서는 운이 좋았다 고 할 수 있다.

하지만 무과 급제의 기쁨은 오래 지나지 않아 사그라들었 다. 선천만 빨랐을 뿐이며 미관말직은커녕 무려 17년 동안 무 직 상태로 지냈다. 조정에서 선천에 든 그를 관직으로 끌어 줄 사람이 없었던 것 같다. 그도 본인의 아버지처럼 세월과 함께 걱정만 산더미처럼 쌓여 가는 좌절의 나날을 보내야 했다.

17년 동안의 구직 활동

정달신은 무과에 급제한 뒤 청운의 꿈을 안고 구직 활동을 했다. 하지만 그 세월이 17년이나 될 줄은 아무도 몰랐다. 아버 지 정순은 무과에 급제한 지 8년 3개월 만에 첫 관직으로 무겸 선전관이라도 되었으나 그에게는 이보다 더 모진 세월이 기다렸다.

정달신은 무과 급제 뒤에 고향에 머무르며 친지나 이웃들과 교류하면서 집안의 대소사를 챙겼다. 그러면서도 구직 활동을 위해 종종 서울로 갔다. 서울에서 펼치는 구직 활동이란 매년 6월과 12월의 정기인사를 앞두고 인사권을 가진 관료들을 찾아다니는 일이었다. 이조판서와 병조판서를 찾아가는 일은 기본이며, 조금이라도 인맥이 있는 관료가 있다면 찾아가 부지런히 인사를 닦아야 했다.

1766년 6월에도 정달신은 서울에 있다가 그달 하순에 누이가 출산 후유증으로 죽자 고향으로 돌아왔다. 세 누이 중 맏이였다. 노상추는 정달신이 서울에서 돌아왔다는 이야기를 듣자 "가난한 살림에 서울로 올라갔으니 오고 가는 일이 참으로 낭패스러울 것이다"라고 하면서 안타까워했다.

정달신은 누이가 죽은 이듬해인 1767년(영조 43) 6월에 정기인사발령을 앞두고 다시 서울로 갔다가 돌아왔다. 결과는 허탕이었다. 1768년에도 정달신은 서울을 갔다 왔으나 또 실패였다. 이 책의 7장에서 설명할 예정인데, 이때는 국왕 영조에게 정붕의 시호를 청하기 위해 서울로 가는 지역 인사들과 함께 갔다. 노상추는 무과에 급제한 지 5년째 접어든 정달신에 대해 이렇게 안타까운 마음을 드러냈다. "선달 정鄭 인척 형이 헛되이 돌아왔으니 가난한 무관의 견디기 어려운 상황이 걱정스럽다."

아버지 정순도 그가 22세 되던 해에 낙향했다가 그때까지 복직하지 못한 상태였다. 이런 상황에서 선산에서 서울까지 오고 가는 데 쓰는 노잣돈이며 서울에서 지내는 숙식 비용은 큰 부담이었을 것이다.

구직 활동을 하는 사이 그는 인생에서 크고 작은 기쁘고 슬픈 일들을 겪었다. 족보에 그의 자녀는 아들 둘과 딸 둘이 올라 있다. 1772년 봄에 정달신은 장녀를 인동에 사는 장학석과 혼인시켰다. 이해 6월에 정달신은 또 서울에 있었으나 어느 한 자리도 물망에 오르지 못했다. 무과에 급제한 지 9년을 넘긴 시점이었다. 이듬해인 1773년(영조 49)에는 장남 정유검의 혼례를 치렀다. 1775년(영조 51)에는 아버지의 상을 당했다.

이쯤이면 관직 구하는 일을 포기할 만도 하지만 정달신은 그러지 않았다. 오랜 침체에도 불구하고 수없이 많은 모색을 거듭했다. 다행스러운 점은 구직 활동을 하면서 부지런히 활쏘기 실력도 연마했다는 사실이다. 아버지가 활쏘기 실력으로 관직에서 물러난 일을 반면교사로 삼았을지도 모른다.

정달신은 고남의 활터는 물론 신당포의 사정射亭에서도 활을 쏘았다. 당시 신당포의 해주 정씨들은 정지신의 출세에 힘입어 후손들의 활쏘기 공부에 공을 들였는데 여기서 함께 활쏘기를 연습했다. 같은 장소에서 함께 공부하는 사람을 '동접同接'이라 한다. 글공부에만 동접이 있는 것이 아니라 활쏘기 공부에도 동접이 있었다. 동접과 함께 공부하는 이유는 자극도 받고 게을러지지 않기 위해서다. 본인보다 어린 사람들과 함께 활쏘기 연습에 쏟아부은 그의 집념은 훗날 놀라운 선물이 되어 돌아왔다.

또 그의 장남 정유검도 활쏘기 공부를 시작했다. 정유검은 20세에 초곡의 조영검에게 활쏘기를 배우기 시작했다. 조영검은 정달신을 추천해서 선천에 들게 해 준 사람이다. 조영검은 함경도의 훈융진에서 병마첨절제사로 근무한 지 1개월 만에 태안군수 시절의 환곡 문제로 충청도로 유배되었다가 1개월 만에 풀려나와 이 무렵 고향에 돌아와 있었다. 활쏘기 공부는 기예를 익혀야 해서 교사의 지도가 필요한 분야인데 조영검이 그 역할을 해 주었다.

국왕 정조의 정책으로 참군이 되다

오랫동안 인고의 세월을 보낸 정달신은 마침내 54세에 수령이 되었다. 아버지가 못다 이룬 꿈을 실현했으니 참으로 대단한 성과를 일궈 냈다고 말할 수 있다. 또 수령을 지낸 덕분에 고남 사람으로서 유일하게 『일선읍지』에 그의 이름 석 자를 남겼다. 어떻게 그는 수령 진출을 이뤄 낼 수 있었을까.

정달신이 첫발을 내디딘 관직은 동도 참군東道參軍이었다. 1780년(정조 4) 12월에 금군을 대상으로 한 특별 임용 시험에서 1등을 차지한 덕분이었다. 당시 서울에 있던 노상추는 정달신이 1등을 했다는 소식을 듣자마자 "첫 관직을 기대할 수 있으니 축하하고 또 축하한다"라고 하면서 함께 기뻐했다.

정달신은 노상추의 예상대로 그해 12월의 정기인사에서 참군으로 임용되었다. '선달先達'이라는 호칭을 벗어 버리고 얻은 첫 관직이었다. 무과에 급제한 지 17년 만이었으며 그의 나이 47세였다. 이 늦은 나이에 그에게 첫 관직을 안겨 준 일등 공신은 뜻밖에도 정조의 정책이었다.

1776년에 즉위한 정조는 이듬해인 1777년(정조 1) 1월에 '선천내금위宣薦內禁衛'라는 제도를 의욕적으로 시행했다. 선천은 이미 설명했으므로 내금위를 알아보면, 내금위는 국왕을 호위하고 궁궐을 지키는 금군禁軍 가운데 최정예 부대였다. 이때 금군은 7번番으로 조직되었고, 인원은 번마다 100명씩 총 700명이었다. 그중 최고의 부대인 내금위가 3번 300명이었다. 나머지 4번 400명은 우림위羽林衛와 겸사복兼司僕이 각각 2번 200명씩이었다.

선천내금위란 1번 내금위 100명을 선천을 받은 사람 가운데 시험을 치러서 선발한 뒤 6개월을 근무해야만 관직에 임용하는 제도였다. 곧 무과 급제자나 한량을 막론하고 선천을 받은 사람은 반드시 내금위에서 6개월 동안 근무해야 첫 관직에 나갈 수 있었다. 첫 관직은 선전관을 비롯해 무겸 선전관, 참군參軍, 권관權管, 부장部將, 수문장 등이었다. 1780년에는 이 시험에 합격한 사람들이 많아지면서 1번 내금위만으로는 부족하자 2번 내금위 중 40자리를 선천내금위 자리로 추가했다. 내금위 300명 중 140명을 선천내금위로 만든 것이다.

정조가 이 제도를 만든 목적은 일정 기간만이라도 명문 집안의 자제를 금군으로 근무시키려는 의도였다. 금군은 기병이어서 말을 장만할 수 있는 경제력을 가진 양반들이 주로 담당했다. 하지만 임진왜란과 병자호란 때 군공의 대가로 금군 임명장이 남발되면서 양인이나 천인도 들어오는 곳이 되었다. 엎친 데 덮친 격으로 재정 부족으로 녹봉마저 줄자 금군의 인기는 추락하고 말았다.

1775년부터 할아버지 영조의 명으로 대리청정을 하면서 척족의 위협을 경험한 정조는 즉위 초부터 국왕의 신변을 보호할 금군에 관심을 쏟았다. 정조가 역점을 둔 사항은 무예에 자질이 있는 믿을 만한 양반 자제를 금군으로 영입하는 일이었다. 정조의 입장에서 명문 집안의 후손인 선천이 최정예 금군 부대인 내금위에서 근무한다면 금상첨화였다.

서울에 사는 명문가의 후손에게는 이 제도가 불만스러웠을 것이다. 최소 6개월을 금군으로 근무해야만 관직으로 나갈 수 있어서였다. 이 제도만 아니라면 더 일찍 첫 관직을 나갈 수도 있었다. 이와 달리 선천을 받은 지방 사람들에게는 뜻하지 않은 반가운 제도였다. 정치적으로 힘 있는 관료나 인사권자, 각종 연줄에 기대지 않고 선천내금위의 시험에 합격하면 자력으로 관직에 나갈 수 있는 길이 열린 것이다. 이 점은 정조도 예상하지 못한 효과였다.

1778년(정조 2) 6월에 선천내금위 선발 시험이 열렸다. 합격 기준은 다섯 과목 중 세 과목을 통과하는 것이었다. 다섯 과목은 철전·유엽전·편전·기추 및 무경칠서 중 『오자』를 제외한 1책이므로 이 시험도 활쏘기 실력이 중요했다. 정달신은 이 시험에서 뛰어난 성적으로 합격해서 내금위가 되었다. 1778년이면 정조가 이 제도를 시행한 이듬해이므로 꽤 빨리 들어간 셈이다. 문제는 어려운 형편에 말을 준비하는 일이었는데 정달신은 가까스로 마련해서 들어갔다.

그로부터 2년을 훌쩍 넘긴 1780년 12월 초에도 정달신은 여

전히 내금위로 근무 중이었다. 선천내금위 제도는 6개월 동안 근무하는 조건이었으나 관직이 늘 부족했으므로 6개월을 근무하고도 첫 관직을 받지 못하는 사람이 부지기수였다. 그러다가 정달신은 1780년 12월 8일에 금군을 대상으로 한 특별 임용 시험에서 1등을 차지했고, 앞서 소개한 대로 같은 해 12월의 정기

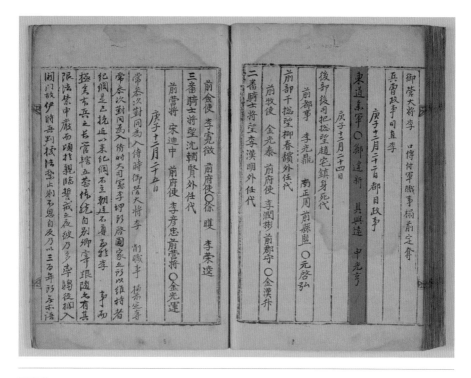

그림 25 『어영청등록』, 1780년 12월 22일, 한국학중앙연구원 장서각 소장
동도 참군 후보자 3명 중 정달신의 이름 위에 동그라미로 낙점한 표시가 있다

인사에서 1등의 상으로 동도 참군의 자리를 받은 것이다. 『어영청등록御營廳謄錄』을 보면 동도 참군 후보자 3명 중 그의 이름 위에 동그라미로 정조의 낙점을 받은 표시가 선명하다.

정순이나 정달신 모두 관직을 절실히 바랐다. 하지만 인사권자에게 영향력을 행사할 수 있는 사람이 밀어주지 않는 이상 관직에 나가기는 요원했다. 정치적으로 힘이 없는 사람들이 겪는 일상다반사였다. 정순의 관직이 훈련원 주부에서 멈춰 버린 것도 이 원인이 컸다.

정달신 역시 관직 한 번 나가 보지 못한 채 아버지의 길을 밟을 뻔했다. 그런 그가 천신만고 끝에 그 굴레를 끊어 낸 힘은 정조가 고안해 낸 선천내금위 제도였다. 여기에 한 가지 요인이 더 있었으니 바로 활쏘기 실력이었다. 그가 선천내금위 선발 시험에서 뛰어난 성적으로 내금위에 들어가고, 금군 대상 특별 임용 시험에서 1등을 거머쥔 비결은 다름 아닌 17년 동안 연마한 활쏘기 실력 덕분이었다. 이 점에서 무관이 되려는 사람에게 활쏘기의 중요성은 아무리 강조해도 지나치지 않을 것이다.

동도 참군에서 의금부도사까지

동도 참군은 사산참군四山參軍 중 하나다. 동서남북에 1명씩 둔 사산참군은 도성 사방의 산을 나누어 순찰하면서 소나무를 보호했다. 조정에서 보호한 '사산'은 백악산(북)·인왕산(서)·목멱산(남)·낙산(동)이었다. 참군은 일반인이 해당 구역에서 함부로 나무를 베거나 석재를 캐지 못하게 하는 임무를 띠었다.

참군은 오군영에 소속되어 일했는데 동도 참군은 어영청 소속으로 동쪽 구역을 맡았다. 앞서 정달신의 이름이 『어영청등록』에 나온 이유도 이 때문이었다. 참군의 업무는 하나 더 있었다. 북도 참군을 제외하고 준천사의 낭청도 겸임했다. 준천사는 한양의 개천(오늘날 청계천)을 관리하는 관청이다. 사산참군은 도성 안의 도랑과 다리도 순찰하면서 도랑에 모래가 쌓였거나 무너진 석축이 있으면 준천사에 보고했다.

참군은 30개월을 근무하면 6품으로 승진했다. 정달신이 동도 참군으로 일할 때만 해도 품계가 없었다가 1786년(정조 10)부터 9품의 관직이 되었다. 참군은 장점이 있는 관직이었다. 7품 이하 관직은 15개월을 근무해야 다른 관직으로 옮겨 가거나 1단계의 품계를 올려 받았는데, 참군은 30개월 근무하고 바로 6품으로 올라가는 특혜를 받았다.

연도	나이	관직
1763년(영조 39)	30	무과 급제
1700년(정조 1)	47	동도 참군
1783년(정조 7)	50	무겸 선전관
1784년(정조 8)	51	훈련원 주부
1785년(정조 9)	52	오위도총부 도사, 의금부도사
1787년(정조 11)	54	훈련원 첨정, 이성현감

표 4 정달신의 경력

정달신은 동도 참군에 임명된 지 이틀 뒤 창덕궁의 성정각으로 나아갔다. 그곳에서 새로 발령받은 관료들 틈에 끼여 어엿한 관직자로서 정조에게 사은숙배를 올리고 근무를 시작했다. 중앙 관료는 근무한 지 30일이 넘으면 매년 6월과 12월에 두 차례 근무 평가를 받았다. 이 규정대로 그도 6개월 뒤에 첫 근무 성적을 받았다.

정달신이 48세에 받은 첫 성적표는 '중中'이었다. 원래 '상上'을 받았으나 군영에서 고과 점수를 후하게 매겼다는 병조의 문제제기가 있자 다른 사람들과 함께 재조정되어서 '중'이 되었다. 비록 '상'에서 '중'으로 내려왔으나 애초에 후한 점수라도 '상'을 받았으므로 꽤 열심히 근무한 듯하다. 이로부터 한 달 반이 지난 7월 말에 근무를 잘한 덕분에 상賞까지 받았기 때문이다.

정조는 관료의 기강을 바로잡기 위해 수시로 근무 상태를 점검하곤 했다. 참군도 예외가 아니었다. 정달신이 첫 근무 평정을 받은 지 한 달 반 정도 지났을 때 정조는 4명의 참군이 일하는 근무지로 조사관들을 파견해서 근태를 살폈다. 점검 결과 남도·북도·서도의 경우 나무뿌리가 여기저기 널브러져 있고 참군은 그림자조차 찾아볼 수 없었다. 참군과 함께 순찰하는 군졸들도 어디론가 사라지고 없는 상태였다. 결국 참군 4명 중 3명이 곤장을 맞고 쫓겨났고 이들을 관장하는 군영대장들도 문책을 받았다. 오로지 정달신만 근면하게 일한 덕분에 지적 사항이 가장 적어 특별상을 받았다.

그 뒤 정달신은 1783년 6월의 정기인사에서 무겸 선전관이 되었다. 참군으로 일한 지 정확하게 규정대로 30개월이 되는 시점이었다. 무겸 선전관은 종6품과 종9품으로 나뉘는데, 이때 규정대로 옮긴 것이므로 종6품으로 갔을 것이다.

6품의 의미는 이미 4장에서 설명했으므로 여기서 재차 강조하지 않아도 되지만 무겸 선전관의 의미는 되짚어 볼 필요가 있다. 선전관은 무관의 청요직으로 손꼽히는 관직이어서 앞으로의 출세가 기대되는 관직이었다. 무엇보다도 무관의 입장에서 참군과 달리 국왕의 측근에서 일하는 점이 큰 매력이었다. 근무처도 궁궐이어서 외곽에서 중심부로 이동했다고 볼 수 있다.

정달신은 이후로 완만하게 승진 코스를 밟아 나갔다. 1784년 12월의 정기인사에서는 훈련원 주부가 되었다. 주부는 종6품이다. 아버지 정순도 무겸 선전관을 거쳐서 훈련원 주부가 되었다. 훈련원 주부가 된 정달신은 이듬해인 1785년(정조 9) 1월에 모처럼 휴가를 받아 고향으로 갔다가 3월 하순에 돌아왔다. 훈련원 주부로서 훈련원에 입직할 때면 활쏘기를 연습했다.

이어서 정달신은 1785년 6월에 종5품 무관직인 오위도총부 도사로 승진했다. 그러다가 같은 해 8월에 종6품 문관직인 의금부도사로 옮기면서 종5품에서 종6품 관직으로 내려갔다. 내심 수령 자리를 기대한 그로서는 실망이 이만저만이 아니었을 것이다. 당시 서울에서 함께 무관 생활을 하던 노상추도 "정달신 인척 형이 의금부도사로 옮겨 임명되었으니 낭패다"라고 하면서 속상한 마음을 나타냈다.

의금부로 자리를 옮긴 정달신은 그곳에서 다양한 업무를 수행했다. 번番을 서는 날에는 감옥에 갇힌 죄수들을 감독했다. 국왕이 거둥할 때면 주변에서 소란이 일어나지 않게 단속하는 일도 그의 몫이었다. 어느 날에는 소란을 잘 단속하지 못했다는 이유로 의금부로 잡혀갔다가 풀려난 적도 있다. 죄인의 사형을 집행하기 위해 멀리 함경도의 삼수까지 출장도 다녀왔다.

그 와중에 남해현령의 후보자에 오르는 기쁨을 맛보았다.

으레 관직 후보자는 3명을 올리는데 첫 번째 후보자가 낙점받을 가능성이 높았다. 당시 정달신은 세 번째 후보자였으나 수령으로 나갈 가능성을 타진했다는 사실만으로도 의미가 있었다.

54세에 수령이 되다

1787년(정조 11) 1월, 정달신이 의금부도사로 일한 지도 어느덧 1년 5개월이 되었다. 그는 이때 정기인사에서 훈련원 첨정이 되었다. 첨정은 종4품의 무관직이므로 당하관으로 승진한 것이었다.

훈련원은 무과 및 각종 무예 관련 시험을 주관하는 관서였다. 조선 전기에는 군사 훈련과 병법 교육까지 맡았으나, 정달신이 근무할 때는 훈련도감·어영청·금위영 등 중앙 군영의 힘이 커서 군사 기능은 사라지고 주로 무과를 관장했다. 그 대신에 훈련원의 관료는 입직의 업무가 없어서 다른 무관직에 비해 업무가 수월했다. 관직의 위상도 남달라서 무과 급제자만 들어갈 수 있고 음관과 서얼은 발도 붙일 수 없었다. 이제 훈련원의 당하관이 되었으니 수령으로 나가는 것은 시간문제였다.

예상대로 정달신은 같은 해 6월의 정기인사에서 함경도 이성의 현감으로 발령이 났다. 그의 나이 54세였으며 무과에 급제한 지 25년 만의 경사였다. 오랜 인고의 세월을 보낸 결실이자 아버지 정순이 이루지 못한 숙원을 이뤄 냈다. 또 그는 이번 인사에서 유일하게 수령이 된 경상도 사람이었다. 그만큼 귀한 발령이었다.

6월 28일에 한양에서 출발한 정달신은 7월 13일에 이성에 부임했다. 1800년 후반부터는 이성이라는 지명을 찾아볼 수 없는데, 1800년(정조 24) 8월에 읍호를 '이원利原'으로 고쳤기 때문이다. 정지신의 이야기에서 소개한 대로 수령 임기는 통상 1,800일

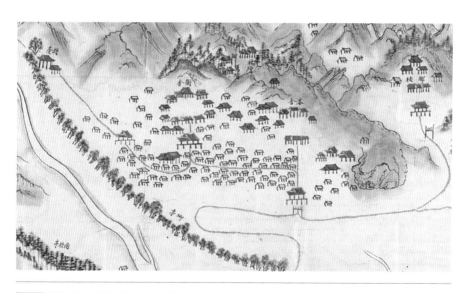

그림 26 『함경남도 이원군 읍지』(1899)에 나오는 이원군(옛 이성현) 모습, 서울대학교 규장각한국학연구원 소장

(5년)이며, 당상관 및 가족을 데려가지 않으면 900일(2년 6개월)이었다. 이렇게 임기가 있으나 임기를 다 채우는 수령은 흔치 않았다. 정달신도 임기를 채우지 못하고 말았다. 그 이유는 근무 성적이었다.

수령은 임기 동안 매년 6월과 12월에 근무 평가를 받는다. 앞서 이야기한 대로 평가는 상·중·하로 이뤄지며, 여덟 글자로 논평했다. 임기가 5년이면 총 10번의 평가를 받는데, 세 차례 '중'을 받으면 파직되었다. 만약 가족을 데려가지 않는 수령이라면 5번의 근무 평가 가운데 두 차례 '중'을 받으면 파직되었다. 정달신은 가족을 데려가지 않는 수령에 해당하므로 연달아 두 차례 '중'을 받으면 안 되었다.

정달신은 수령으로 부임한 해의 12월에 '중'이라는 성적표를 받았다. 그에 대한 논평은 이러했다. "마음에 진실로 잘 다스리기를 바라거든 이속들을 엄히 단속해야 한다(心固願治吏須嚴束)." 수령으로서 아전들을 잘 다스리지 못했다는 평가였다. 이듬해인 1788년(정조 12) 6월에 받아든 성적표도 '중'이었다. 어진 수령이지만 마음이 약하다는 이유였다. "자애롭고 어진 것은 진실로 기쁘지만, 심지가 굳건했으면 더 좋을 것이다(慈良可喜剛核益善)."12

두 번 연달아 중을 받은 정달신은 파직을 피할 수 없었다.

같은 해 8월 함경도관찰사는 정조에게 진휼 성적이 좋지 못한 수령 명단을 올려 파직을 건의했다. 이 명단에 그의 이름도 있었다. 관찰사는 정달신이 아전들을 잘 단속하지 못하므로 진휼 행정을 잘 해내지 못할 거라고 판단한 것 같다.

> "이성은 함경도 남쪽 지역 중 가장 심하게 재난을 당한 고을입니다. 이런 쇠잔한 고을의 매우 가난한 백성을 구제하려면 반드시 재능 있는 사람이 필요합니다. 지금 현감 정달신은 자상하고 신실하지 않은 것은 아니나 매우 굳건한 면이 모자라 몇 차례나 경고하고 꾸짖어서 힘껏 하라고 요구했습니다."
>
> —『일성록』, 1788년 8월 24일

아전은 수령의 지휘를 받는 사람들이지만 이들을 통제하는 것은 예상보다 쉽지 않았다. 수령들은 끊임없이 교체되지만 조상 대대로 지역에서 터전을 내린 아전들은 변화가 적었다. 또 지역 토박이어서 자연히 지역 사정에도 밝았으므로 공무를 수행할 때 그들의 의견을 무시할 수 없었다. 지역마다 관행이라는 것이 존재했기 때문이다.

그래서 수령이 부임하자마자 아전들을 단박에 제압하기는

쉽지 않았다. 심지어 수령이 비리를 저지른 아전을 처벌하거나 그들의 이권에 개입하려 하면 아전들은 수령에게 등을 돌렸다. 아전들은 일부러 여러 사달을 만들거나 허위로 관찰사에 고발하는 방식으로 수령을 곤경에 빠트렸다. 아전이 놓은 덫에 한 번 걸리면 결국 파직을 당해 짐을 싸는 일이 비일비재했다.

수령 이후의 삶

정달신도 무고誣告로 근무 성적을 낮게 받은 것으로 보인다. 그가 수령에서 물러나자 고을 백성 사이에서 다음과 같은 말들이 터져 나왔다고 한다. 고을 사람들은 그가 찰방에게 무고를 당했다고 여겼으므로, 아마도 찰방과 아전이 결탁해서 그를 곤경에 빠트렸을 가능성이 농후하다.

> "곡구谷口 찰방 안택인이 관찰사 근무처로 가서 허위로 날조해서 무고하는 바람에 관찰사가 장계를 올려 파직을 당하게 되어 우리의 밝은 수령을 잃었다. 세상이 어찌 이처럼 괴이한 일이 있단 말인가!"
>
> —『노상추일기』, 1788년 10월 11일

1788년 8월에 이성현감 정달신은 함경도의 홍원에서 살인 사건이 일어나자 변사자의 시체를 검사하기 위해 북청으로 갔나가 노상수를 만났다. 북청은 병마설노사의 근무저인 병영兵營이 있는 곳이다. 이때 노상추는 함경도 진동鎭東의 만호萬戶로 근무 중이었다. 작년에 함께 발령받아서 이곳에서 병마절도사에게 부임 신고를 하고 헤어진 뒤로 1년 만의 상봉이었다. 반가운 마음에 정달신은 노상추와 함께 이원으로 돌아왔다.

이원에 도착한 노상추는 영세하기 짝이 없는 고을의 모습을 이렇게 적어 놓았다. "바다와 골짜기에 걸쳐 있으며 둘레가 50-60리가 되는 고을인데 쇠잔하기 짝이 없다. 관아가 모두 퇴락하여 꼴이 말이 아니었는데 정달신 형이 이곳에 부임하여 대단히 많이 수리했다. 옛날에는 성곽이 있었으나 지금은 터만 있고 문루는 남쪽만 있다. 읍내 민가는 30-40호에 불과하다."

9월 초에 새 이원현감이 부임한다는 소식을 듣자 정달신은 짐을 싸야 했다. 수령으로 부임하면서 진 빚도 갚지 못한 상태였으므로 근심은 차마 말로 표현할 수 없을 정도였다. 그는 새로 부임한 수령에게 인수인계한 뒤 겨우 노잣돈을 얻어 고향으로 출발했다. 1년 조금 넘게 근무한 뒤 빚만 안고 낙향하는 신세가 되었다.

고향 선산으로 돌아온 정달신은 '이성 수령'으로 불리면서 다시 구직 활동을 펼쳤다. 지방의 무과 출신으로서 벼슬에 다시 나갈 길은 구직 활동밖에 없었다. 그 방식이란 6월과 12월의 인사철을 맞아 부지런히 중앙 관료들에게 인사를 다니는 일이었다. 정달신의 아버지 정순은 세 번 서울을 다녀왔다.

1790년 6월 초에 정달신은 서울로 향했다. 6월의 정기인사를 앞둔 시점이었다. 그가 누구를 방문했는지는 알 수 없으나 병조판서와 이조판서를 비롯하여 대신이나 군영대장, 문관과 무관 인사들을 두루 찾아다녔을 것이다. 중앙 실력자들이나 관직 임용에 영향력 있는 관료들을 찾아다니는 것은 정달신이 본인을 홍보할 수 있는 유일한 수단이었다.

1798년(정조 22) 4월에도 정달신은 서울에 있었다. 하지만 벼슬자리를 얻지 못했다. 그리고 이듬해인 1799년 1월에 세상을 뜨고 말았다. 향년 66세였다.

7

공동의 대응

선조 현창 활동

　선산의 해주 정씨에게 가장 큰 긍지는 신당 정붕의 존재였
다. 정붕은 해주 정씨에게 삶의 길을 비춰 주는 등대와도 같았
다. 정붕의 아버지인 정철견도 학식으로 명성이 높았다. 그래
서 초야에 묻힌 실력이 출중한 선비라 하여 김굉필과 함께 천거
도 받았다. 『조선왕조실록』에는 정철견이 학식이 있으면서도
벼슬을 구하지 않고 향촌에서 자제들을 옳은 길로 가르쳐 그 아
우 정석견과 아들 정붕이 모두 명성을 얻었다고 평가했다(『연산
군일기』, 연산 1년 12월 28일).

　정붕의 후손들은 선조의 명망을 잇고자 했으나 뜻대로 되지

못했다. 정붕의 손자 대부터 생원·진사나 문과 급제자가 나오지 못하면서 현달한 인물을 배출하지 못했다. 또 정치적으로 경상도가 열세에 놓이면서 조상을 현창하는 일이 더 쉽지 않았다. 이 시절 선조를 현창하는 최고의 노력은 국가에 시호諡號나 증직贈職을 요청하는 일이었다.

이런 가운데 영조가 즉위하면서 경상도에도 기회가 찾아왔다. 영조가 탕평론을 앞세워 당색과 지역에 편중되지 않는 인재 선발을 유도하자 목소리를 낼 기회를 얻었다. 이 과정에서 경상도 유생과 선비들은 단합된 힘을 과시하기 위해 지역 인물의 현창에 힘을 모았고, 정붕도 현창 대상 중 한 명이 되었다.

1768년(영조 44) 4월, 선산 지역의 유생과 선비들이 향교로 모여들었다. 국왕에게 정붕의 증직贈職과 시호를 건의하는 일을 상의하기 위해서였다. 논의 결과 5월 초순으로 서울행을 결정했다. 이어서 금오서원에서 1백여 명이 모여 상소문을 작성했다. 상소를 갖고 갈 사람은 세 사람으로 계획했는데, 서면西面과 남면南面에서 각각 한 사람씩, 해주 정씨 집안에서 한 사람이 맡기로 했다.

정붕의 시호를 청하는 상소는 유생과 선비들이 주도했다. 소장에 이름을 올린 사람만 무려 276명으로 생원 46명, 진사 21명, 선비 209명이었다. 선산뿐만 경상도 전역에서 참여한 사람들이다.

드디어 5월에 영조에게 소장을 올리기 위한 일행이 서울로 출발했다. 낭일 아침에 서울도 가는 일행을 응원하시 위해 20여 명이 모였다. 일행은 정지신의 집에서 아침을 먹은 뒤 여정에 올랐다. 당시 정지신은 운봉현감을 지낸 뒤 고향에 돌아와 있었다. 상소를 조정에 전달할 사람은 진사 성형成泂과 정곤鄭崐 (1718-?)이었다. 세 사람을 계획했으나 두 사람만 갔다. 정곤은 정순의 사촌으로 이 일에 발 벗고 나섰다.

서울로 간 사람들은 7월 중순쯤 빈손으로 돌아왔다. 영조의 답변은 불가였다. 영조는 근래 선비들이 소장을 올리지 않아 개탄했으나 이번 소장을 보고 선비의 기개를 알 수 있었다고 하였다. 하지만 시호란 나라의 막중한 일이어서 요청하는 대로 허락한다면 공자가 말한 과유불급이 될 수 있으므로 허락할 수 없다는 입장이었다.

비록 시호는 물거품이 되었으나 해주 정씨들의 입장에서는 마냥 낙담할 일만도 아니었다. 어쨌든 276명이나 참여한 이 거사로 해주 정씨 집안의 위상이 한껏 올라갔고 향후 다시 상소를 올릴 여지를 남겼기 때문이다. 정곤은 서울에서 돌아오자마자 다시 시호를 청하는 상소를 올리기 위해 도움을 청하는 통문通文을 작성했다. 실제로 통문을 돌렸는지 알 수 없으나 선조를 매개로 하여 지역사회를 향해 목소리를 낸 사실이 중요해 보인다.

정지신도 선조 정붕의 명성을 드높이고자 노력했다. 그는 경상도의 순영 중군에서 돌아온 뒤로 몇 년 동안 고향에서 지냈다. 그러던 중에 1776년(영조 52)에 서울로 갔다. 채제공을 만나 정붕의 비명碑銘을 부탁하기 위해서였다.

정조가 즉위한 뒤에도 정붕을 현창하기 위한 지역사회의 노력은 계속되었다. 1798년에 정조는 승지 이익운李益運 등을 금오서원으로 보내 제사를 지내게 했다. 이를 치제致祭라 하는데 국왕이 특별히 내리는 제사이므로 영광스러운 일이었다. 이때 유생들이 이익운에게 금오서원에 배향된 사람 중 정붕만 시호를 하사받지 못한 점은 잘못된 처사라는 의견을 개진했다. 이익운은 채제공의 제자로, 1794년(정조 18)의 흉년 때에 경상도위유사慶尙道慰諭使로 파견되어 경상도의 진휼에 힘쓴 사람이다.

조정으로 돌아온 이익운은 정조에게 지역사회의 여론을 보고했다. 정붕이 기묘사화 당시 미래를 예견하고 초연히 관직을 떠났기에 참화를 입지 않은 것뿐이며, 실상은 기묘명현己卯名賢들과 마음과 덕을 같이했다는 의견이었다. 이에 정조는 그렇게 하라고 지시했으나 예조판서가 대신들의 의견을 들어봐야 한다고 건의하는 바람에 이때도 시호의 하사가 실현되지 못했다.

무과 급제를 향한 공동 프로젝트

18세기 후반에 선산의 해수 정씨늘은 집안의 번장을 위해 삶의 전략을 굳건히 세웠다. 무과 급제라는 공동 목표를 정하고서 공동으로 대응한 것이었다.

18세기 후반 무렵에 선산에서 무과에 급제한 해주 정씨는 6명이다(【표 1】 참조). 신당포에서만 5명이 배출되었다. 먼저 정지신의 장남인 정유관鄭惟寬과 정지신의 막내아우인 정필신鄭必新이 무과에 급제했다. 또 정지신의 형제 중 유일하게 선비로 살던 정우신의 양자인 정유목鄭惟穆도 무과에 급제했다. 정유목은 개명하여 무과방목에 '정필수鄭必秀'로 올라 있다. 그는 정지신의 아들로 숙부의 후사가 되었으므로 엄밀하게 말하면 정지신의 아들이다. 여기에 정흡의 손자인 정유철鄭惟轍과 정유성의 아들 정선鄭選도 무과에 급제했다. 정선은 정유철의 아들인데 큰아버지인 정유성의 후사를 이었다. 고남에서는 정달신의 아들인 정유검鄭惟儉이 유일하게 무과에 급제했다.

6명 중 정유관이 1749년생, 정필신이 1750년생, 정유목(정필수)이 1752년생이었다. 서로 또래라고 해도 될 만큼 연배가 비슷하다. 나머지 세 사람의 나이도 살펴 보면 정유철이 1743년생, 정유검이 1758년생, 정선이 1768년생이었다. 정유검과 정선은 비교적 일찍 무과를 시작해서 20대 후반에 급제하고, 정유철은 늦게 시작해서 42세에 급제했다. 흥미로운 점은 6명 중 정유검과 정선을 제외한 4명이 '동고조同高祖' 팔촌 사이였으며, 정필신과 정유관·정유목(정필수)은 삼촌과 조카 사이였다. 정유철과 정선도 촌수가 멀지만 친족의 범주에 속하는 사이였다.

이상의 내용으로 분명히 파악된 사항은 해주 정씨 사람들이 공동의 목표를 향해 함께 뛰었다는 사실이다. 이들은 활터에서 함께 활쏘기 공부를 하고 활쏘기 스승을 초빙하거나 찾아다니면서 실력을 배양했다. 무과 관련 정보를 공유하고 함께 서울과 선산을 오가면서 무과에 응시하러 다녔다. 공동으로 무과 급제 프로젝트를 운영했다고 볼 수 있다.

같은 해 같은 무과에 급제한 네 사람

정유관은 정지신의 장남이자 종손宗孫이었다. 그는 1784년의 정시 무과에 급제했다. 그의 나이 36세였다. 정유관이 활쏘기 공부를 시작한 해는 자세하지 않으나 이미 20세에 고남의 활쏘기 연습장에서 정순과 함께 활쏘기 공부를 했다. 아버지 정지신의 영향을 받은 것으로 짐작된다. 20세에 활쏘기 공부를 했다고 가정하면 햇수로 무려 16년 만에 급제한 셈이었다.

정유관은 신당포와 고남을 오가면서 정유목(정필수)·정유철 등 무과에 뜻을 품은 친속들과 함께 활쏘기를 익혔다. 또 무과에 급제하고야 말겠다는 의지로 초곡에 가서도 활쏘기를 익혔다. 초곡은 영장을 지낸 조영검이 사는 곳이었다. 정달신을 선천에 추천한 선배 선전관도 조영검이었다. 조영검은 '척수재慼愁齋'라는 서당을 짓고 사정射亭도 조성해서 도움을 주었다. 정유관뿐만 아니라 여러 무과 지망생이 조영검에게 활쏘기를 배우러 찾아왔다.

정유관의 아우인 정유목(정필수)은 자가 청지靑之다. 그는 형 정유관이 급제한 1784년의 정시 무과에 함께 급제했다. 그의 나이 33세였다. 그도 20세에 활쏘기에 입문하면서 선배들에게 술과 고기를 대접하는 신사례를 치렀다. 생부 정지신은 아들의 활쏘기 공부를 위해 김산金山에서 활쏘기 교사를 초빙해서 가르쳤다. 이 덕분인지 활쏘기에 입문한 해인 1771년에 치른 정시 무과의 초시에서 합격했다. 하지만 2차 관문인 전시에서 떨어지고 말았다. 그후 1784년에야 정시 무과에 급제했으니 활쏘기에 입문한 지 14년만이었다.

정필신은 정지신의 아우로 그도 1784년의 정시 무과에 급제했다. 그의 나이 35세였다. 그가 언제부터 무과에 뜻을 품었는

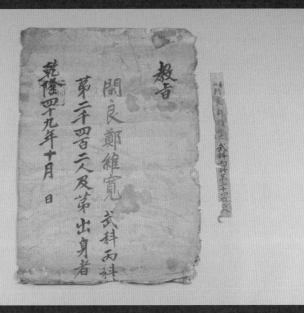

1784년 정유관 홍패(무과 급제 증서), 해주 정씨 신당공파 종중(구미성리학역사관 기탁 소장)

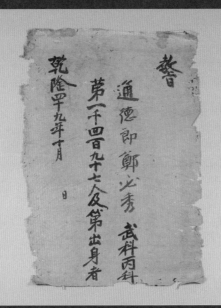

1784년 정필수 홍패(무과 급제 증서), 해주 정씨 신당공파 종중(구미성리학역사관 기탁 소장)

지는 알 수 없으나 정유관·정유목 조카 등과 함께 무과에 응시해서 합격했다. 또 활쏘기 실력이 괜찮았는지 다른 사람들에게 활쏘기도 가르쳐 주었다.

정유철은 자가 명준明俊이다. 정유철도 1784년의 정시 무과에 급제했다. 42세로 늦은 나이였다. 정유철 역시 언제부터 활을 잡았는지 알 수 없으나 20대 후반부터 정유숙·정유목 등과 함께 활쏘기 공부를 했으니 오랜 시간이 걸렸다고 볼 수 있다. 그의 형 정유성은 글공부를 했다.

정유관·정유목 형제 및 정필신, 정유철은 모두 1784년의 정시 무과에 급제했다는 공통점을 띤다. 이 시험은 문효세자의 책봉을 경축하기 위해 실시한 과거로 이 방목에는 '왕세자책봉경용호방王世子冊封慶龍虎榜'이라는 특별한 이름이 붙었다. 여러 자료에는 간략하게 '책봉 경과'로 나온다. 이 과거시험의 특징은 문과 급제자의 경우 18명에 불과했으나 무과 급제자는 무려 2,692명[13]이나 선발했다는 사실이다.

이 시험은 응시율도 대단히 높았다. 문과 초시는 과거장에 들어온 사람만 17,914명이었으며, 이 가운데 답안지를 제출한 사람이 11,437명이었다. 이 중에서 688명이 합격하여 전시를 치렀다. 무과도 초시에 응시한 사람이 무려 21,012명이었으며, 이 가운데 3,558명이 합격하여 전시를 치렀다. 초시의 경쟁률을 따져 보면 무과가 7.8:1, 문과가 635:1이다. 마지막 시험 단계인 전시의 경쟁률은 무과가 1.5:1, 문과가 37.5:1이었다.

정조는 백성과 기쁨을 나누기 위해 이 과거를 실시했다고 강조했다. 그래서 급제자들에게 다른 과거시험에서는 찾아볼 수 없는 특별한 선물을 하기도 했다. "이번 과거는 어찌 일반 규례를 따르기만 할 것인가?"라고 하면서 문과 급제자 전원과 무과 장원에게 말을 하사했다. 여기에 더해 방목까지 특별 간행하여 문과 급제자와 무과 급제자 전원에게 나눠 주었다.

오랫동안 낙방을 거듭하던 네 사람은 2,692명이나 되는 많은 무과 급제자를 뽑은 덕분에 급제의 기회를 얻을 수 있었다. 이 시험에는 경상도 사람들이 다수 응시했으나 모두 급제한 것은 아니었다. 네 사람이 오랜 기간 실력을 닦은 결실이었다. 그럼에도 4명이 한꺼번에 급제한 것은 운도 따랐다고 볼 수 있다. 당시 노상추는 그의 아우가 떨어졌으나 무과에 급제한 사람들을 기쁜 마음으로 다음과 같이 축하했다. "정유철과 정필수가 유엽전 1발을 맞히고 강서에서 조粗를 받아 과거에 합격했으니 기특하고 다행스럽다."

무과 급제 뒤에 정필신을 제외한 정유철·정유관·정유목은 선천으로 뽑혔다. 그리고 정유철은 경상도의 영산군수靈山郡守, 정유관은 경상도의 남해현령南海縣令까지 올랐다. 공동 프로젝트의 결실이라고 말할 수 있다.

고남의 정유검 이야기

고남에서는 신당포만큼 무과 급제자가 많이 나오지 않았으나 그들도 공동 프로젝트의 혜택을 입었다. 신당포에서 무과에 대거 응시하면서 무과를 치르는 분위기가 조성되었기 때문이다. 정순의 손자이자 정달신의 장남인 정유검이 여기에 해당했다.

정유검(1758-1801)의 자는 여익汝益이다. 관례를 치르기 전에 불리던 이름은 호동虎童이었다. 이름에 '호랑이(호虎)'를 넣었으니 부모의 의중은 호랑이 같은 무관으로 기를 참이었던 것 같다.

이 뜻대로 정유검은 조부와 아버지의 길을 따라 19세부터 일찌감치 활쏘기 공부를 시작했다. 20세부터는 무과에도 응시했다. 노상추의 아우 노상근盧尙根과 교촌校村에 사는 채한국蔡翰國은 동학으로서 서로 의지를 북돋아 주는 존재였다. 정유검은 노상근과 함께 초곡에 사는 조영검을 찾아가 활쏘기도 배웠다. 셋은 함께 활쏘기를 연습하고 무과도 함께 보러 다녔다.

정유검은 24세에 서울에서 치러진 정시 무과의 초시에 합격했으나 2차 시험인 전시를 보지 못했다. 기추에서 3발을 맞혔으나 장부에 2발로 기록되는 바람에 탈락자로 처리되고 만 것이다. 시험관의 실수였으나 이 또한 운수였다. 뜻하지 않게 생기는 이런 일들이 무과 급제를 어렵게 하는 요소였다. 또 시험 당일의 몸 상태나 집중력, 날씨의 영향으로 실력을 발휘하지 못하기도 했다. "과거시험의 운은 인력으로 할 수 있는 것이 아니니 어찌하겠는가"라는 노상추의 말도 일리가 있었다.

다행히 이 무렵에 아버지 정달신이 17년 동안의 무직 생활에서 벗어나 한양에서 벼슬살이를 하고 있었다. 아버지가 서울에서 근무하는 덕택으로 서울의 숙소를 해결할 수 있었으니 이것만 해도 무과 응시에 들어가는 경비를 절감할 수 있었다.

정유검은 계속 무과에 낙방하자 활을 잘 쏘는 사람들을 찾아다니면서 활쏘기를 익혔다. 문동에서 활을 쏘기도 하고 종가가 있는 신당포도 왕래하면서 활쏘기 공부를 했다. 오랜 기간 활쏘기를 연습하고 무과에 응시하다가 1786년에 비로소 식년 무과에 급제했다. 이때가 29세이니 활쏘기에 입문한 지 10년 만이었다.

식년 무과는 정시 무과와 달리 3단계로 치러졌는데 초시만 각 지역에서 실시하고 2차 시험부터는 서울에서 치렀다. 초시에 합격한 정유검은 이해 1월에 상경하여 서울에서 활쏘기 연습을 단단히 하고서 시험을 쳤다. 일종의 현지 적응을 거쳐 2차, 3차 시험을 통과하는 집념을 보여 주었다. 그의 동학인 노상근은 이보다 늦은 1795년(정조 19)에 정시 무과에 급제했으며, 재한국은 급제 여부를 알 수 없다.

정유검은 무과에 급제한 바로 그해 6월에 선천으로 뽑혔다. 무과에 급제한 지 고작 3개월도 지나지 않은 시점이었다. 그를 추천한 선전관 선배는 경상도 울산 출신의 이운춘이었다. 하지만 순탄할 것만 같은 출세의 길은 선전관으로 임명된 뒤에 멈추고 말았다. 1793년(정조 17)에 선전관으로 교외에 출장을 나갔다가 역마驛馬 문제로 경기감영의 서리를 심하게 벌준 일이 문제가 되었던 것이다.

결국 그는 이 일로 유배까지 갔다가 정조의 특별 처분으로 바로 풀려났다. 그리고 다행히 그 이듬해 신원을 회복했으나 관직 복귀는 쉽지 않았다. 그는 다시 관직으로 나가기 위해 10여 년을 노력하다가 뜻을 이루지 못한 채 48세에 세상을 떴다. 이후 정유검의 증손인 정종룡이 1858년(철종 9)에 무과에 급제했다.

'개인의 일상'에서 '역사의 바다'로 나아가기

***

조선의 양반은 참으로 열심히 살았다. 왜 그들은 그렇게 열심히 살았을까? 이에 대한 대답은 의외로 쉽게 찾을 수 있다. 본인이 속한 집안을 대대손손 세상으로부터 주목받는 집안으로 일구고 싶어서였다. 지금의 시각으로 보면 잘 이해할 수 없는 삶의 목적이기도 하다. 개인이 잘살면 그만이지 집안을 위해 열심히 살 필요가 있을까 싶다.

그런데 그 시대에는 그만한 이유가 있었다. 조선왕조처럼 신분제 사회에서는 핏줄이 중요했다. 핏줄로 엮인 공동체의 성쇠가 개인의 성쇠를 좌우했다고 해도 과언이 아니다. 타고난 핏줄이 양반이어야 양반이 됐고, 집안이 잘되어야 개인이 거기에 힘입어 출세하기도 유리했다. 이것이 집안의 번창이 소중한 이유였다.

양반이 집안을 잘 유지하려면 두 가지 요건이 필요했다. 하나는 제사를 받들 후사가 끊이지 않아야 하는 것이었으며, 다른 하나는 관료를 배출하여 양반 신분을 살 유시하는 일이있다.

전자의 경우 자식이 없으면 양자라도 들여 해결하면 되지만 후자는 여간 힘든 일이 아니었다. 관직도 돈이 있으면 살 수는 있었으나 이름만 대면 누군지 서로 아는 사회에서 금방 들통났다. 또 음서라 하여 혁혁한 조상 덕분으로 관직에 나갈 수도 있으나 두어 세대가 지나면 이마저도 힘들었다. 조상의 영향력이 늘 지속될 수는 없었기 때문이다. 지속적이진 않더라도 중간중간 과거 급제자가 나와 입신양명해야 그 빈틈을 메꿀 수 있었다. 그래서 과거 급제가 매우 중요했다.

조선 후기 선산의 해주 정씨들도 이 사실을 잘 알고 있었다. 하지만 18세기에 경상도에서 생원진사시나 문과에 급제하기란 하늘의 별 따기처럼 요원했다. 당시 시대가 그랬다. 조정에 서울·경기 출신의 특정 정파가 오랜 기간 포진하면서 다른 당파나 지역에 몸담은 사람들은 과거 급제하기가 어려워졌다. 과거 급제가 반드시 실력으로만 되는 사회가 아니었다. 또 생원진사시나 문과에 응시자가 대거 몰리면서 경쟁이 치열해진 사정도 있었다. 여기에 오늘날 논술시험에 해당하는 제술製述은 새로운 문화를 수시로 접하는 서울 양반에게 유리했다.

이 책의 주인공인 선산 지역의 해주 정씨 무관들도 대부분 생원진사시에서 시작해서 중간에 무武로 전향한 사람들이다. 문치주의 사회에서 이 전향은 집안의 명예와 사활을 걸고 용기를 낸 선택이었다. 선산의 유명 인사인 정붕의 후손으로서 입신양명하려면 '글'로 해야 했으나 현실을 직시했다. 먹고살 경제 기반이 있어야 집안을 보존하고 양반 신분도 유지할 수 있었다. 이미 무관으로 나간 몇몇 선조의 선례도 이들의 선택에 도움을 주었다.

그렇다고 하여 해주 정씨들이 마음먹은 대로 무과에 급제한 것은 아니었다. 활쏘기도 글공부처럼 숙련이 필요한 분야여서 웬만해서는 금방 몸에 익힐 수 없었다. 또 직부전시 정책도 이들의 급제를 어렵게 했다. 직부전시의 혜택이 군영이나 병영兵營 소속자에게 집중되었으므로 군영이나 병영 밖의 양반들이 무과에 급제하기 어려운 여건이었다.

그래서 21세에 급제한 정지신을 제외하면 대부분 20대 후반에서 30대 초반에 급제했다. 30대 중반을 넘긴 사람도 있고 40대에 급제한 사람들도 있다. 정달신은 10년 이상 활쏘기를 공부한 끝에 30세에 급제했다. 해주 정씨에 관한 이야기를 남긴 노상추도 무과에 뜻을 품은 지 12년 만에 급제했다. 대부분은 인고의 세월과 각고의 노력 끝에 무과 급제의 기쁨을 맛볼 수 있었다.

***

조선 후기에 경상도 선산에 거주한 해주 정씨들은 우여곡절을 겪긴 했으나 그들 스스로 세운 이정표에 따라 삶의 길을 나아갔다.

경상도 선산 지역에서 해주 정씨의 터전은 종가가 있는 신당포와 비종손 세거지인 고남으로 나뉜다. 이 지역에서 배출된 무과 급제자는 17세기에 4명, 18세기에 12명, 19세기에 18명이었다. 무과 급제자 34명 중 정상중·정호·정순·정달신·정유검·정종룡만 고남 출신이며, 나머지 28명 모두 신당포의 종가 쪽이다.

신당포의 종가에서 처음 무과에 급제해 파란을 일으킨 사람은 정붕의 6세손인 정영이다. 26세에 장원 급제한 그는 병자호란이 발발하자 인조를 호종하여 남한산성으로 들어가 싸웠다. 이후 전라좌도수군절도사, 충청도수군절도사, 경상우도병마절도사 등 고위 무관직을 두루 거치면서 후손들에게 등대가 되어주었다. 정영의 아들인 정동망도 무과에 급제하여 전라좌도수군절도사, 충청도병마절도사 등 고위 무관이 되었다.

신당포의 종가는 정찬과 정지신 부자 대에 다시 전성기를 맞이했다. 정찬은 무과에 급제하여 박천군수, 단천부사, 경흥부사 등을 지냈다. 그의 장남 정지신은 21세에 무과에 급제하여 아버지처럼 여러 지역에서 수령으로 근무하고 영장도 지냈다. 또 정지신은 18세기 경상도 단성에서 위세 있는 명문 집안 후손인 무관 권필칭과 사돈을 맺었다. 권필칭은 '유장'의 칭호를 받은 무관이어서 경상도 무관들의 모범이었다. 권필칭의 존재는 해주 정씨 집안의 위상을 높이는 데도 보탬이 되었을 것이다.

고남 쪽에서 정상중에 이어 무과에 급제한 사람은 그의 장남인 정소의 후손이었다. 바로 정순과 그의 장남 정달신이다. 정순은 무과에 급제한 뒤 훈련원 주부로 관직 생활을 마쳤으나 정달신은 무과에 급제한 뒤에 17년 동안 벼슬을 얻지 못하다가 국왕 정조의 정책 덕분에 늦게 현감으로 진출했다. 또 정달신의 아들 정유겸도 일찌감치 무관으로 진로를 정하여 무과에 급제해 선전관을 지냈다.

이러한 성취는 선산의 해주 정씨들이 구체적으로 마련한 삶의 전략의 결과였다. 신당포는 해주 정씨들의 무과 급제의 산실이었다. 신당포에 활쏘기 연습장을 마련했으며 활쏘기를 잘하는 사람들을 초빙해서 후손에게 집중적으로 가르쳤다. 독선생을 모셔 와서 특별 과외를 받게 한 것이다. 무과 응시도 공동으로 지원해서 치렀으며 서로 정보를 주고받으면서 무과 급제라는 목표를 향해 나아갔다.

이 덕분에 18세기에 해주 정씨 집안에서는 무과 급제자들이 다수 배출되었고 그 여세가 19세기까지 이어졌다. 그 결과 신당포에는 활쏘기를 배우려는 사람들의 방문이 끊이지 않았다. 모두 활쏘기를 배우고 무과 급제의 비법도 알고 싶어서 찾아오는 사람들이었다. 노상추도 처음에는 인척 정순이 있는 고남에서 활쏘기를 하다가 신당포로 옮겨 가서 연습했다.

***

이 책은 18세기를 중심으로 경상도 선산에 거주한 해주 정씨들의 삶의 전략을 미시적으로 접근하여 꾸린 글이다. 삶의 전략을 주목하는 관점은 미시사微視史가 추구하는 중요한 지향점이다.

미시사에 대한 오해 중 하나가 어떤 사안을 "세밀하게 관찰"하므로 연구 대상이 협소하다고 여기는 점이다. 그런데 미시사란 세밀하게 관찰하되 "연구 대상을 넓게 잡는" 것이다. 연구 대상을 넓게 잡는다는 의미는 미시사의 연구 대상이 "고립된 개인"이 아니라 "사회적인 관계"에 초점을 맞추므로 당대 사회를 들여다보지 않을 수 없다는 뜻이다.

미시사에서는 평범한 일반인 모두 자기 나름의 목적을 갖고 행동한다고 본다. 그 안에서 개인은 사회 상황이나 규범, 가치관 등을 자기 상황에 맞추어 수용한다. 이 과정에서 사회 규범이나 가치관과 협상하거나 충돌하면서 나름의 삶의 전략을 세워 나간다.

다시 말하면, 일반 사람들은 지배 규범을 톱다운 방식으로 수용하기도 하지만 나름의 저항과 변형으로 틈새를 비집고 균열을 내었고, 그 결과 사회 규범과 관습을 그들에게 유리한 쪽으로 형성하는 데에 적극 가담했다. 이 점이 미시사가 지배 엘리트를 다루지 않고도 당대 사회의 특징과 변화를 짚어 낼 수 있는 원동력이다.

들어가는 말에서도 밝혔듯이 이 책은 노철과 노상추 부자의 일기에서 포착한 해주 정씨들의 이야기다. 일기에 나오는 해주 정씨들은 선산에 대대로 살던 양반이었다. 고관대작을 지내거나 영향력 있는 정치 세력은 아니었으므로 상대적으로 평범했다고 할 수 있다. 하지만 조선 후기 선산의 여러 읍지에서 이 집안사람들의 존재를 찾는 것은 어렵지 않다. 이런 측면에서 선산의 해주 정씨들은 평범하면서도 비범했다고 말할 수 있다. 조선 사회에는 선산의 해주 정씨들처럼 평범하지만 비범한 양반이 훨씬 다수였다.

이 책에서 이 평범하면서도 비범한 양반들의 삶을 역사의 장으로 끄집어낸 이유는 이들의 삶을 미시적 관점으로 바라본 다면 당대 사회를 들여볼 수 있는 또 다른 창窓을 발견할 수 있 다고 여겼기 때문이다. 이런 관점에서 엮은 이 책이 독자들에게 도 잘 닿아서 역사의 바다를 향해 순조롭게 나아가기를 고대해 본다.

1 『대전회통』(1865)에서는 정1품인 '상보국숭록대부(上輔國崇祿大夫)'가 추가되어 동반 품계가 총 31단계로 바뀌었다.

2 하영휘, 『양반의 사생활: 조병덕의 편지 1,700통으로 19세기 조선을 엿보다』, 푸른역사, 2008, 43-44쪽 및 260-261쪽 재인용.

3 원창애, 『조선시대 문과급제자 연구』, 한국정신문화연구원 한국학대학원 박사학위논문, 1997, 140쪽, 145쪽.

4 박인호, 『구미의 역사와 문화』, 영한, 2020, 275-280쪽.

5 ① 정상중: 『교남과방록』에 중종 기해별시방(1539)에 올라 있으나 오류임. ② 정흡: 족보에 무과 급제 기록 없음. ③ 정호: 족보에는 만력 기미생, 무과 급제(연도 없음)로 되어 있고, 『교남과방록』에는 광해 기미생(1619), 신사년(1641) 정시 무과 급제로 되어 있음. 그런데 '만력' 연간에는 기미년이 없고, 『현종실록』에는 현종 13년에 수문장을 지낸 것으로 나오므로 무과방목의 기록을 따름[『경술추문무과별시방목(庚戌秋文武科別試榜目)』]. ④ 정유목: 무과 급제 당시 '정필수(鄭必秀)'로 개명했으나 『교남과방록』에는 여전히 정유목으로 나오고 족보에도 정유목으로 나옴. 참고로 무과방목과 노상추의 일기, 연대기 자료 등에는 '정필수'로 나옴.

6 해주 정씨 족보에는 정순의 사망 연도가 없다. 노상추의 일기도 1775년의 일기는 현전하지 않는다. 다만 노상추의 일기를 보면 1774년에는 정순이 생존 중이며, 1776년 1월 6일에 '정선달척형상인부자(鄭先達戚兄喪人父子)'라고 표현하고 있어서 정달신이 아버지의 상을 당했음을 알 수 있다. 그래서 정순의 사망 연도를 1775년으로 추정했다.

7 『선고일기』 5책, 1743년 2월 17일. 해주 정씨 족보에는 평산 신씨가 1742년 2월 7일에 사망했다고 나온다. 필자는 노철이 쓴 일기가 더 정확하다고 판단해서 1743년 사망으로 보았다. 당시 초상은 매우 큰일이어서 일기에 초상을 당한 연도나 날짜를 틀리게 적기 어렵기 때문이다.

8 『선고일기』 5책, 1743년 7월 1일. 해주 정씨 족보에 정순의 아버지(정태세)가 같은 해

5월 11일에 사망한 것으로 나오므로 족보의 기록을 따랐다. 당시 노철은 아버지 노계정이 전라우수사로 근무하는 수영(水營)에 있다가 같은 해 6월 26일에 집으로 돌아왔고, 7월 1일에 조문을 갔다.

9 『왕세자책봉경용호방(王世子冊封慶龍虎榜)』(내 법) 기대 인)에는 정면심이 이력이 선무군관으로 올라 있고, 합격 증서에는 한량(閑良)으로 되어 있다. 이 글에서는 무과방목을 따랐다.

10 권기중, 「조선시대 전라도 수령의 품계와 재임기간 -전북 25개 군현을 대상으로-」, 『태동고전연구』 41, 한림대학교 태동고전연구소, 2018, 【표 6-1】 및 【표 6-2】, 30쪽 참조.

11 해주 정씨 족보에는 정달신의 사망 연도가 없으나 노상추의 일기에 1799년 1월 9일로 나온다(『노상추일기』, 1799년 1월 17일).

12 『노상추일기』, 1787년 12월 19일, 1788년 6월 21일.

13 『승정원일기』와 『일성록』에는 책봉 경과의 무과 급제자를 2,676명으로 기록했다. 그런데 『왕세자책봉경용호방』과 『무과총요(武科總要)』에는 2,692명으로 16명이 더 많다. 이 차이는 급제자를 발표하는 날에 누락된 16명을 추가했기 때문이다. 무과방목에는 "이하 16인이 누락되어서 방목을 바로잡을 때 임금께 아뢰어 추가로 기록한다"라고 했다. 그러므로 2,692명이 맞다고 판단했다.

참고문헌

『經國大典』.

『大典通編』.

『續大典』.

『承政院日記』.

『日省錄』.

『朝鮮王朝實錄』.

『庚戌秋文武科別試榜目』, 1670, 국립중앙도서관 소장.

『嶠南科榜錄』, 6冊, 1936, 한국학중앙연구원 장서각 소장.

『堂下武臣官案』, 한국학중앙연구원 장서각 소장.

〈善山府地圖〉(《경상도지도》), 1872, 서울대학교 규장각한국학연구원 소장.

『璿源續譜』, 1902, 한국학중앙연구원 장서각 소장.

『宣傳官廳薦案』, 7冊, 서울대학교 규장각한국학연구원 소장.

『一善邑誌』, 한국학중앙연구원 장서각 소장.

《正衙朝會之圖》, 1778, 한국학중앙연구원 장서각 소장.

『中京誌』, 서울대학교 규장각한국학연구원 소장.

『海州鄭氏族譜』(戊申), 1908, 해주 정씨 신당공파 종중 소장.

『海州鄭氏大同譜』, 회상사, 1985.

權必稱, 『梧潭先生文集』, 한국학중앙연구원 장서각 소장.

盧尙樞, 『盧尙樞日記』, 52冊, 안강 노씨 화림종중(국사편찬위원회 기탁 소장).

盧溍, 『先考日記』, 30冊, (사)모산학술재단 소장.

俞晩柱, 『欽英(1-6)』, 서울대학교 규장각한국학연구원, 1997.

李命龍, 『戒逸軒日記』, 국사편찬위원회, 1999.

李時馣, 『雲牕誌』(『雲牕先生文集』 卷2 수록), 서울대학교 규장각한국학연구원 소장.

林仁黙, 『武科總要』, 아세아문화사, 1975.

『구미성리학역사관 이관 및 기탁 고문서 조사 및 해제』(구미성리학역사관 고문서 자
　　　료집), 구미성리학역사관, 2021.

국방부전사편찬위원회 엮음, 류재호 외 옮김, 『兵將說·陣法』, 국방부전사편찬
　　　위원회, 1983.

노상추 지음, 정해은·원창애 외 옮김, 『국역 노상추일기(1-12)』, 국사편찬위원
　　　회, 2017-2020.

류성룡 지음, 김홍식 옮김, 『징비록』, 서해문집, 2003.

변주승 옮김, 『여지도서 －경상도 4』, 디자인흐름, 2009.

송규빈 지음, 성백효 옮김, 『風泉遺響』, 국방부전사편찬위원회, 1990.

이문건 지음, 김대홍 외 옮김, 『국역 묵재일기(1-4)』, 경인문화사, 2019.

최현 지음, 구미문화원편집부 엮음, 『국역 일선지(一善誌)』, 구미문화원, 1998.

구미성리학역사관(http://gumi.go.kr/museum).

규장각한국학연구원(https://kyu.snu.ac.kr).

디지털장서각(https://jsg.aks.ac.kr).

승정원일기(https://sjw.history.go.kr).

유교넷(https://www.ugyo.net).

조선시대법령자료(https://db.history.go.kr/law).

조선왕조실록(https://sillok.history.go.kr).

한국고전종합DB(https://db.itkc.or.kr).

한국역대인물종합정보시스템(http://people.aks.ac.kr).

권기중, 「조선시대 전라도 수령의 품계와 재임기간 －전북 25개 군현을 대상으
　　　로－」, 『태동고전연구』 41, 한림대학교 태동고전연구소, 2018.

김백철, 『조선 후기 영조의 탕평정치 －《속대전》의 편찬과 백성의 재인식』, 태
　　　학사, 2010.

김성우, 「정조 대 영남 남인의 중앙 정계 진출과 좌절」, 『다산학』 21, 다산학술문
　　　화재단, 2012.

_____, 「15-16세기 인재의 府庫, 선산」, 『대구사학』 143, 대구사학회, 2021.

김자현, 「조선시대 문화사를 어떻게 쓸 것인가? —자료와 접근방법에 대하여—」, 한국사학회 편, 『한국사 연구방법의 새로운 모색』, 경인문화사, 2003.

김형수, 「임란 직후 선산지역 旅軒學團의 활동」, 『남도문화연구』 38, 순천대학교 남도문화연구소, 2019.

박인호, 『구미의 역사와 문화』, 영한, 2020.

백승종, 「미시사의 도전」, 한국사학회 엮음, 『한국사 연구방법의 새로운 모색』, 경인문화사, 2003.

원창애, 『조선시대 문과급제자 연구』, 한국정신문화연구원 한국학대학원 박사학위논문, 1997.

이근호, 『조선후기 탕평파와 국정운영』, 민속원, 2016.

이재두, 「《여지도서》의 편찬시기와 항목구성 및 신설항목의 유래」, 『민족문화연구』 82, 고려대학교 민족문화연구소, 2019.

정해은, 「조선후기 선천(宣薦)의 운영과 선천인의 서반직 진출 양상」, 『역사와 현실』 39, 한국역사연구회, 2001.

_____, 「18세기 경상도 단성현의 한 양반 무과급제자의 仕宦과 處世」, 『조선시대사학보』 26, 조선시대사학회, 2003.

_____, 『조선의 무관과 양반사회 —무과급제자 16,643명의 분석 보고서』, 역사산책, 2020.

_____, 「새 발굴 자료 《선고일기(先考日記)》의 특징과 가치 —노상추·노철 부자의 일기 쓰기 의미—」, 『민족문화논총』 80, 영남대학교 민족문화연구소, 2022.

조광현, 「조선후기 외관(外官)의 포폄제도(褒貶制度)와 포폄문서(褒貶文書) 연구」, 『고문서연구』 46, 한국고문서학회, 2016.

차장섭, 「신당 정붕의 생애와 정치·사상적 역할」, 이완재 외, 『新堂 鄭鵬의 案上圖와 道學』, 해주정씨신당공파종중, 2020.

하영휘, 『양반의 사생활: 조병덕의 편지 1,700통으로 19세기 조선을 엿보다』, 푸른역사, 2008.

허인욱, 『옛 그림에서 만난 우리 무예 풍속사』, 푸른역사, 2005.